via reise verlag

Klaus Scheddel

AB INS GRÜNE

RUND UM BERLIN

Oasen in der Großstadt

Grüne Orte ganz nah

Ab ins Umland

Naturpark
Land Brandenburg

Wohin am Wochenende?

Wer in Berlin lebt, hat es gut: Man wohnt in der größten Stadt Deutschlands, einer Kulturmetropole, in der ständig Neues passiert. Wem das alles doch einmal zu viel wird, kann sich in die grüne Umgebung der Hauptstadt flüchten! Am besten eignet sich dazu die Berliner S-Bahn. Der nächste Bahnhof ist meist nicht weit und damit die Möglichkeit, bequem und schnell zu Seen oder Wäldern zu gelangen – Abstand von der Großstadt. Ob allein, zu zweit oder mit Familie und Freunden, mit Fahrrad oder ohne – ein Ausflug ins Grüne ist wie eine Kurzreise aus dem Alltag.

In diesem Tourenplaner habe ich zusammen mit weiteren Autoren 43 Ausflugsziele in und um Berlin erkundet. Ob innerstädtische Oasen, grüne Orte ganz nah oder das weitere Umland: Hier ist für alle etwas dabei. Urwüchsige Natur und gepflegte Parks, malerische Städte und Dörfer, Schlösser und Gärten inmitten ländlicher Idylle – jeder Ausflug ist ein Erlebnis. Neben Ausflugsklassikern wie Grunewald, Müggelsee oder Potsdam, die es neu zu entdecken gilt, finden sich auch echte Geheimtipps wie versteckte Badestellen an lauschigen Seen oder Wanderungen durch kaum bekannte Naturschutzgebiete wie das Löcknitztal.

Der besondere Service des Buches: Als Ausgangspunkt ist für jede Tour ein Bahnhof der Berliner S-Bahn angegeben. Und alle Ausflüge enden wieder an einer S-Bahn- oder anderen ÖPNV-Station. Außerdem gibt es Hinweise für die spannendsten Sehenswürdigkeiten, die besten Einkehrtipps sowie zu den Taktzeiten der Bahnen und Busse.

Los geht´s – Ab ins Grüne!

GPS-Tracks

Für alle Touren können Sie die GPS-Tracks auf der Homepage des via reise verlags herunterladen. Damit lässt sich die Wegstrecke auf einem Smartphone oder einem anderen GPS-Gerät darstellen. Den Link und eine Kurzanleitung zur Verwendung der Dateien finden Sie bei den Informationen zum Buch: www.viareise.de.

Der Autor

Der Verleger und Buchautor Klaus Scheddel lebt in Berlin-Wilhelmsruh. Für dieses S-Bahn-Ausflugsbuch hat er erneut Berlin und das Umland durchstreift und dabei viel Spannendes entdeckt.

Oasen in der Großstadt

Um in Ruhe Natur genießen zu können, muss man in Berlin oft gar nicht weit fahren. Ob Schönholzer Heide, Naturpark Südgelände oder Botanischer Garten: Die Hauptstadt verzaubert mit ihren vielen lauschigen Orten alle, die sich nach Erholung im Grünen sehnen.

Rosengarten im Treptower Park

Hier hat sich Bolle janz köstlich amüsiert

1

Schönholzer Heide

Ein abwechslungsreicher Spaziergang führt vom S-Bahnhof Wilhelmsruh durch Birkenhaine in die weitläufige Schönholzer Heide. Dabei wandelt man auf den Spuren der Berliner Mauer, lernt ein monumentales Ehrenmal kennen und wird an einen Berliner Gassenhauer erinnert.

Vom linken Ausgang des S-Bahnhofs Wilhelmsruh überquert man die Kopenhagener Straße. Dort beginnt ein breiter, geteerter Weg, der entlang des ehemaligen Mauerstreifens durch ein herrliches Birkenwäldchen führt. Er gehört zum „Grünen Band", das entlang der ehemaligen Grenze zum Spazierengehen einlädt. Von 1961 bis 1989 stand hier die streng bewachte Berliner Mauer, die West- von Ostberlin trennte. Heute erinnern Infotafeln an die Geschichte der Teilung. Vorbei an Picknickecken und einer Halfpipe für Skaterinnen und Skater auf der rechten und Siedlungshäusern mit Gärten auf der linken Seite schlängelt sich das „Grüne Band" durch eine Heidelandschaft im Kleinformat.

Nach einem leichten Linksschwenk biegt man links in den unscheinbaren Kreuzsteg in die Siedlung ein, hält sich am Genossenschaftssteg rechts, dann wieder links und überquert den Waldsteg. Rechter Hand am Restaurant Gartenküche vorbei taucht man nun in die **Schönholzer Heide** ein, die hier mehr wie ein parkähnlicher Wald wirkt. Angekommen am Rondell hält man sich scharf links: Hier beginnt ein von Linden umfasster Weg, der geradewegs zum **Sowjetischen Ehrenmal** führt.

Die Anlage entstand 1947–49. Auf dem Gelände liegen über 13 000 Offiziere und Soldaten der Roten Armee begraben, die bei den Endkämpfen um Berlin 1945 starben. Den Weg zum 33,5 Meter hohen Obelisken säumen 16 Grabkammern, am Sockel des Obelisken sind die Namen von gefallenen Offizieren auf Bronzetafeln aufgeführt. Auf der Mauer, die den Gesamtkomplex umgibt, sind Namen und Geburtsjahre derjenigen Sowjetsoldaten zu lesen, die zu dem Fünftel der überhaupt nur identifizierbaren Gefallenen gehören.

Man verlässt das Gelände wieder über denselben Weg und überquert die Germanenstraße. Auf dem breiten, ebenfalls lindengesäumten Hauptweg spaziert man jetzt weiter durch die Schönholzer Heide. Wer das berühmte Berliner Lied kennt, weiß, dass sich hier auch schon „Bolle" köstlich amüsiert hat. Allerdings hat er „auf der Schöneholzer Heide" mit seinem Messer auch „fünfe massakriert".

Heute besticht der Park hingegen durch friedliche Ruhe. Die Schönholzer Heide ist ein Waldpark. Ursprünglich gehörte sie einem Waldgebiet an, das

Restaurant Gartenküche
Das kleine, feine Restaurant mit schönem Biergarten serviert gehobene deutsch-mediterrane Küche

Waldsteg 65
13158 Berlin
www.restaurant-gartenkueche.eatbu.com

Oben: Das Sowjetische Ehrenmal gedenkt der gefallenen Kämpfer der Roten Armee
Unten: Verschlungene Wege führen durch die Schönholzer Heide

sich bis zur Jungfernheide erstreckte und Mitte des 18. Jahrhunderts mit Alleen durchzogen und mit Maulbeerbäumen bepflanzt wurde. Die 35 Hektar der Schönholzer Heide wirken im Gegensatz zu anderen innerstädtischen Berliner Grünanlagen sehr naturbelassen. Wenn man sich vom Hauptweg noch vor der Freitreppe rechts hält und dann bald wieder links, führen die Wege an verknorzelten uralten Bäumen vorbei zu herrlichen Wiesen, die zum Sonnenbad oder Picknick einladen. Da die Freiflächen stets mit einzelnen Bäumen bepflanzt sind und selten geometrische Formen nachbilden, finden sich zahlreiche Nischen mit gemütlichen Plätzchen zum Verweilen.

Am südlichen Parkende rechts in die Hermann-Hesse-Straße eingebogen sind es nur noch 5 Gehminuten bis zum S-Bahnhof Schönholz. Geradeaus führt bald die Schützenstraße vorbei an der Jugendverkehrsschule, an deren Ende es rechts in die Buddestraße geht. Entweder man wählt gleich links den Trampelpfad zum S-Bahnhof oder man geht 30 Meter weiter bis zur Provinzstraße und dort links bis zum S-Bahnhof Schönholz.

Spaziergang: ca. 4 km

Start: S-Bhf. Wilhelmsruh
S1, S26 alle 10–20 Min.

Ziel: S-Bhf. Schönholz
S1, S25, S26 alle 10 Min.

Schlosspark und Zoo

2

Tierpark Friedrichsfelde

Eine riesige afrikanische Savannenlandschaft, in der man Giraffen in die Augen blicken kann. Panther, Tiger und Co., die sich in einem großzügigen Gelände bewegen. Exotische und einheimische Tiere, die hier viel Auslauf haben. Und mittendrin noch ein prunkvolles Schloss. Der Tierpark Friedrichsfelde gehört zu den größten, modernsten und spannendsten Tiergärten der Welt.

Berlin hat, wie wenige andere Städte in der Welt, zwei „Zoos“, die sich gewaltig unterscheiden und dadurch ergänzen. Der Zoologische Garten am Rande des Tiergartens ist auf einer Fläche von 35 Hektar wohl der artenreichste der Welt. Der **Tierpark Berlin-Friedrichsfelde** dagegen ist mit einer über viermal so großen Fläche einer der größten. Entstanden ist er während des „Kalten Kriegs“ – der Ostberliner Magistrat wollte einen eigenen Zoo. 1955 wurde er, 111 Jahre nach dem Zoologischen Garten, im Schlosspark Friedrichsfelde eröffnet.

Ebenfalls im Park steht das **Schloss Friedrichsfelde**. Das im frühklassizistischen Stil umgestaltete Gebäude wurde umfassend renoviert und beherbergt Ausstellungen, die Einblick in die Lebensweise zur Zeit des Barock geben. Die Gartenanlage wurde 1821 von Peter Joseph Lenné, dem bekanntesten Landschaftsarchitekten seiner Zeit, angelegt und blieb während des Zweiten Weltkriegs weitgehend von Zerstörungen verschont.

Mit der Anlage des Tierparks entstanden im historischen Park weitläufige Freigehege und Schauhäuser für Tiere aus aller Welt. Heute ist der Tierpark der wohl größte naturnahe Erlebnisraum Berlins. Natur und Kultur pur mit einem wunderschönen Baumbestand und weitläufigen Wegen. Man sollte dafür mindestens einen halben Tag einplanen.

Tierpark Berlin Friedrichsfelde
Eine Elektrobahn fährt in der Hauptsaison tgl., in der Nebensaison Sa/So/Fei zwischen 9.30 und 17 Uhr durch den Tierpark (kostenlos)

Am Tierpark 125
10319 Berlin
www.tierpark-berlin.de

Tipp für Fans:
Fütterung der Giraffen tgl. 12.30 Uhr

Schritt für Schritt wird der Tierpark seit Jahren zu einem naturnahen Geozoo umgebaut. Die Tiere kann man dabei in nachgebauten Landschaften erleben, die ihrem natürlichen Lebensraum nachempfunden sind. Besonderer Anziehungspunkt ist die **Afrikanische Savannenlandschaft**: Auf dem rund 45 000 Quadratmeter großen Gelände streifen Zebras, Gnus und Gazellen gemeinsam in Herden durch ihr neues Habitat. Pelikane tauchen ihre Schnäbel ins Wasserloch, neugierige Strauße begutachten ihre Nachbarn und majestätische Giraffen zupfen Blätter von den Zweigen. Spektakulär in der Tierpark-Savanne ist der 120 Meter lange **Giraffenpfad**: Hier begegnet man den bis zu fünf Meter hohen Grazien auf Augenhöhe. Vorher ist noch etwas Nervenkitzel angesagt: der Weg zu den Aussichtsplattformen führt über eine abenteuerliche Hängebrücke.

Auf Entdeckungsreise in die Gebirgswelt geht es in der **Himalaya-Landschaft**, die ganz im Nordosten des Tierparks liegt. Hier erlebt man nicht nur Landschaften unterschiedlicher Vegetationszonen, sondern auch tierische Bewohner des Hochgebirges, wie Kleine Pandas, Schneeleoparden und Bartgeier. Auf dem Weg zum Gipfel erklären Wissensstationen die Entstehung dieses Lebensraums und zeigen, wie die

Die Sumatra-Tiger Lotte und Luise wollen nur spielen …

Tiere unter den extremen Bedingungen im höchsten Gebirge der Welt überleben.

Ein weiterer Höhepunkt des Tierparks ist die **Regenwaldwelt** im Alfred-Brehm-Haus mit ihren Freianlagen zur Haltung von Großkatzen. Panther, Jaguare, Leoparden, verschiedene Arten von Tigern und Löwen sind zu sehen. Flughunde und tropische Vögel flattern denen um den Kopf, die sich in die große Tropenhalle in der Mitte des Hauses hineintrauen. Augenscheinlich bevorzugen die Flughunde ja Obst, das auf Äste gesteckt und auf Tellern angerichtet ist. So ein bisschen erinnern sie aber doch an Dracula …

Das **Dickhäuterhaus** für afrikanische und asiatische Elefanten ist meist gut besucht, besonders seitdem dort das 200 Quadratmeter große Schaubecken für Seekühe eröffnet wurde. Durch große Scheiben kann der Besucher sie beim Schwimmen, Tauchen und Futtern beobachten und sich überlegen, welche Ähnlichkeit zu Elefanten er findet – mit denen sind sie nämlich verwandt. Das **Krokodil-Haus**, eine tropische Landschaft, und die **Schlangenfarm** mit ihrer Artenvielfalt sind weitere Attraktionen.

Weltläufig geben sich auch die gastronomischen Einrichtungen im Tierpark: Im großen Retaurant Patagonia gibt es neben leckeren südamerikanischen Spezialitäten auch Berliner Klassiker wie Pfannenbouletten. Das Terrassencafé Kakadu bietet mediterrane Speisen in Kaffeehausatmosphäre. Verschiedene Bistros locken mit ofenfrischen Brezeln, Currywurst und belegten Fladenbroten.

Stadtausflug

Start und Ziel: U-Bhf. Tierpark
U5 alle 3–10 Min.
oder
S-Bhf. Friedrichsfelde Ost und Tram M17, 25, 37

Schweben und Staunen

3

Gärten der Welt

Ein Ausflug der Gegensätze und ungewöhnlichen Höhepunkte beginnt in Marzahn. Hier kann man nicht nur einen märkischen Dorfanger besichtigen, sondern auch Gartenkunst aus aller Welt bestaunen. Und mit der einzigen Seilbahn Berlins über Berg und Tal schweben.

Der Berliner Stadtteil Marzahn ist bekannt als gigantische Hochhaus-Wohnstadt aus DDR-Zeiten. Doch zwischen den locker in der begrünten Vorstadtlandschaft stehenden Zehnstöckern liegt ein Kleinod: **Alt-Marzahn**, ein 700 Jahre altes Dorf.

Man erreicht es, indem man vom S-Bahnhof Marzahn zunächst die Marzahner Promenade entlanggeht und dort, wo sie leicht nach links abknickt, rechts abbiegt und die Landsberger Allee überquert. In der Mitte des Dorfs liegt der spindelförmige Anger mit der Kirche, die 1870/71 erbaut wurde. Die Gemeindeschule nebenan stammt aus dem Jahr 1912, heute hat dort das **Bezirksmuseum Marzahn-Hellersdorf** seinen Sitz. Die Hühner, die in Alt-Marzahn gezüchtet werden, gewinnen sogar Preise auf Landwirtschaftsmessen. Die gesamte Dorfanlage steht unter Denkmalschutz. Über der kopfsteingepflasterten Gasse Alt-Marzahn liegt auf einem Hügel die **Bockwindmühle**, eines der Wahrzeichen des Bezirks. Nach alter Handwerkstradition mahlt ein Müllermeister hier noch Korn.

Am östlichen Ende von Alt-Marzahn überquert man die Allee der Kosmonauten und gelangt durchs weitläufige Wohngebiet und anschließend über den Blumberger Damm zum Haupteingang der **Gärten der Welt**.

Hier kann man zehn Themengärten aus aller Welt erkunden: orientalische, asiatische, australische, südamerikanische, afrikanische und europäische Landschaftskunst. Dabei gibt es sowohl historische Gärten als auch moderne Landschaftsgärten zu entdecken.

So finden sich im zauberhaften **Chinesischen Garten** ein See, Pavillons, ein Teehaus und Zierfelsen. Sanft geschwungene Wege führen an Bambus, Kiefern, Kirschen und Pfingstrosen vorbei und geben immer neue Perspektiven auf den vor allem in den Farben Rot, Grau und Weiß gestalteten Garten frei.

Fernöstliche Gartenkunst kann man nicht nur im Chinesischen Garten bestaunen, sondern auch im **Japanischen Garten** des zusammenfließenden Wassers. Ahornbäume, Azaleen und Magnolien sind zusammen mit einem (Trocken-)Wasserfall aus Steinen und akkurat geharkten hellen Kiesflächen formvollendet arrangiert und haben die meditative Ausstrahlung eines Tempelgartens.

Gärten der Welt und Kienbergpark
Die Gärten der Welt sind eintrittspflichtig. Für die Gärten und die Seilbahn gibt es ein Kombiticket. Der Kienbergpark ist frei zugänglich.

Blumberger Damm 44
12685 Berlin
www.gaertenderwelt.de

Pavillon im chinesischen Garten

Eine weitere Attraktion ist der **Balinesische Garten** der drei Harmonien. Die tropische Pflanzenpracht ist durch ein Gewächshaus geschützt, ein Besuch lohnt sich also auch im Winter. Zum **Koreanischen Garten** gehören neben einem Bach und einem Teich auch Höfe, ein Pavillon und reicher Figurenschmuck, zum Beispiel steinerne Schutzgeister.

Erholsam ist auch ein Spaziergang durch den **Orientalischen Garten** der vier Ströme. Die Anlage mit Wasserspiel, Arkadengang und Brunnen entspricht symbolisch der Vorstellung vom Paradies, wie der Koran es beschreibt.

Nicht zuletzt sind in Marzahn auch Highlights europäischer Gartenkultur zu finden. Zum Beispiel das Ensemble von Irrgarten und Labyrinth. Beide gehören zu den ältesten Gestaltungselementen der Gartenkunst. Vorbild für den **Irrgarten** ist der Garten des britischen Königsschlosses Hampton Court. Ins Zentrum gelangt man nur durch eigene Mühe, zahlreiche Wege und Abzweigungen enden im Nichts. Die Wandernden sind gezwungen, sich ständig neu zu orientieren.

Anders das grau und schwarz gepflasterte **Labyrinth** nebenan, das nach französischem Vorbild entstand: Es gibt nur einen Weg, der allerdings in vielen Windungen verläuft. Geduld und Konzentration sind gefragt, aber man wird geführt und kann sich dabei auf sich selbst und seinen „Lebensweg“ besinnen.

Ausflug in die Toskana gefällig? Der **Italienische Renaissancegarten** verströmt das passende Flair, mit

Chinesisches Teehaus – Berghaus zum Osmanthussaft
In idyllischer Lage finden hier regelmäßig Teezeremonien statt. Informationen zu den Terminen und zur Anmeldung unter:

www.china-teehaus.de/aktuelles

kunstvoll geschnittenen Buchsbaumhecken, Steinbänken, Skulpturen und bunter Blütenpracht in Terrakottagefäßen. „Giardino della Bobolina" heißt der Garten und spielt damit an auf die Marmorfigur „Bobolina" aus dem Boboli-Garten in Florenz, einem der berühmtesten italienischen Gärten des 16. Jahrhunderts.

Im Rahmen der Internationalen Gartenausstellung 2017 (IGA) wurde das Gelände der Gärten der Welt kräftig vergrößert. Seitdem gibt es auch einen großen **Wasserspielplatz** für Kinder. Besonderes Highlight der gesamten Anlage aber ist seit der IGA die **Seilbahn:** Mit dieser schwebt man hinauf zum Kienberg mit der futuristischen Aussichtsplattform **Wolkenhain.** Von hier bietet sich eine fantastische Aussicht auf die Park- und Stadtlandschaft.

Doch damit nicht genug: Weitere Attraktionen kann man im ebenfalls für die IGA neu entstandenen und frei zugänglichen **Kienbergpark** entdecken. Hier gibt es sogar eine Natur-Bobbahn, auf der man zu jeder Jahreszeit auf einer 500 Meter langen Strecke vom Kienberg hinunterbrausen und sich wieder hochhieven lassen kann.

Vom Kienberg aus kann man weiter mit der Seilbahn hinunter zum U-Bahnhof Kienberg (Gärten der Welt) schweben.

Spaziergang: 3 km

Start: S-Bhf. Marzahn
S7 alle 10–20 Min.

Ziel: U-Bhf. Kienberg (Gärten der Welt)
U5 alle 5–10 Min.

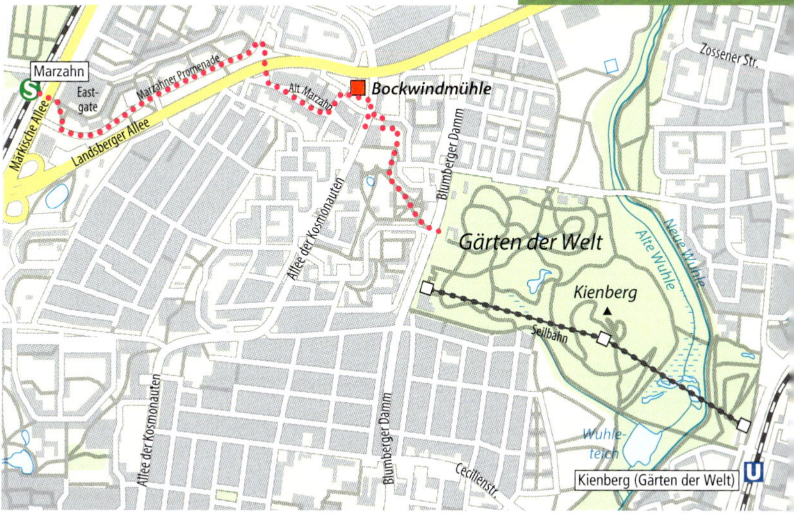

Leben und leben lassen

4

Park am Gleisdreieck

Über Jahrzehnte war hier nur Brachland, heute begeistert der Park am Gleisdreieck die Berlinerinnen und Berliner mit weiten Wiesenflächen, Naturräumen zum Erkunden und viel Platz für Spiel und Sport: Der seit 2011 entstandene Park ist eine ganz besondere grüne Oase mitten in Berlin.

Das kann man sich heute kaum noch vorstellen: Bis in die Mitte der 1940er-Jahre standen auf dem Gelände rund um das Gleisdreieck die Anlagen von zwei großen Güterbahnhöfen. Nach den Zerstörungen des Zweiten Weltkriegs blieb nicht viel übrig vom Potsdamer und vom Anhalter Güterbahnhof. Das Areal verfiel und lag vier Jahrzehnte im Dornröschenschlaf.

Auch nach dem Ende der Teilung Berlins blieb das Gleisdreieckgelände eine von Mauern umgebene und unzugängliche Brache. Immobilienentwickler schielten nach der zentral gelegenen Fläche. Mitte der 1990er-Jahre entschied der Berliner Senat, dass auf dem Gelände ein großer Park entstehen sollte, der Kreuzberg, Schöneberg und Tiergarten miteinander verbindet. Neue Gebäude durften nur an den Rändern entstehen. Die gesamte Grünanlage ist ein wahrer Volkspark, denn viele Bürgerinnen und Bürger, Netzwerke und die Anwohnerinnen und Anwohner haben sich für einen Park eingesetzt. Im gesamten Planungsprozess wurden sie unmittelbar mit einbezogen und beteiligt. Bewusst sollte auch an die Geschichte des Geländes erinnert werden: Vielerorts im Park findet man Spuren der Bahnnutzung wie rostige Gleisreste, alte Prellblöcke oder Überbleibsel von Schaltanlagen.

Über 30 Hektar groß, besteht der Park am Gleisdreieck eigentlich aus drei Parks: dem weitläufigen Westpark, der an Schöneberg und Tiergarten grenzt, dem Ostpark auf der Kreuzberger Seite und dem schmalen Flaschenhalspark, der sich entlang der S-Bahn-Trasse nach Süden zieht.

Wer am U-Bahnhof Gleisdreieck aussteigt und den kopfsteingepflasterten Weg gleich neben dem Ausgang nimmt, gelangt schnell in den rechter Hand gelegenen **Westpark**. Im Westpark spürt man am besten, dass man zwar im Grünen, aber auch mitten in der Stadt ist: Hier am Gleisdreieck kreuzen sich zwei U-Bahn-Linien, die quietschend auf historischen Viadukten und stählernen Streben den Park

Café Eule
Betreiberin Kristiana Elig verkauft aus einem umgebauten Container heraus hausgemachte, frische Kleinigkeiten wie Gemüsesuppen, Kuchen, Panini und Quiches

Nahe den Kleingärten beim Eingang Bülowstraße
www.cafe-eule-berlin.de

Viel Platz bietet der Westpark im Park am Gleisdreieck. Im Ostpark sind die Naturräume besonders bei Kindern beliebt.

überqueren – und das im Minutentakt. Darunter herrscht besonders bei gutem Wetter ein buntes Treiben: Auf den Wiesen lagern Grüppchen, Kinder toben an den diversen Spielgeräten. Auch Fitnessgeräte für Erwachsene, eine Skaterbahn und sogar Kleingärten gibt es im Westpark. Bei den Kleingärten steht auch die originellste Bistrobude des Parks, das „Café Eule".

Verbunden ist der West- mit dem **Ostpark** durch eine breite, boulevardähnliche Straße nur für Fußgängerinnen und Radfahrer. Zwischen den beiden Parkteilen verläuft die Zufahrt zum Nord-Süd-Tunnel der Bahn. An einem Aussichtspunkt kann man die ICEs vorbeirauschen sehen. Auch die Gleise der Museumsbahn des Deutschen Technikmuseums kreuzen den Verbindungsweg. Lokschuppen und Signale erinnern an die Vergangenheit des Geländes als Bahnanlage.

Stadtspaziergang

Start und Ziel: S-Bhf. Yorckstraße
S1, S2, S25, S26 alle 5–10 Min. oder
U-Bhf. Gleisdreieck
U1, U2, U3 alle 5–10 Min.

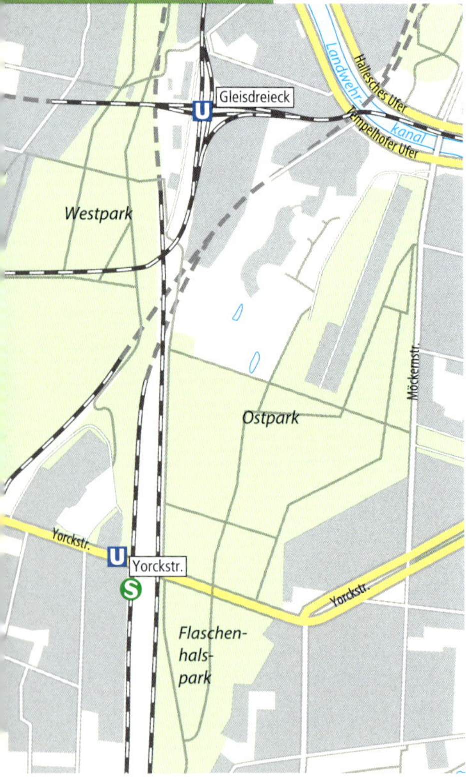

Im Ostpark begeistern unter anderem die Naturräume, die man erkunden kann. Für Kinder wie Erwachsene gibt es Spielplätze und Erlebnisareale wie den beliebten Stangenspielplatz. Der langgestreckte Ostpark liegt auf dem 22 Hektar großen Plateau des ehemaligen Anhalter Güterbahnhofs, das sich 4 Meter über dem Straßenniveau befindet. Fast meint man, auf einer grünen Insel neben dem östlich angrenzenden Stadtteil Kreuzberg zu schweben.

Der jüngste Teil des Parks am Gleisdreieck ist der 2014 eröffnete **Flaschenhalspark**, seit 2021 heißt er offiziell Dora-Duncker-Park. Er ist über eine der Yorckbrücken mit dem Ostpark verbunden und setzt den Grünzug nach Süden fort. Hier ist eine „Gleiswildnis" entstanden, viele Eisenbahnrelikte säumen den Weg. Über den Flaschenhals gelangt man bis zum Natur Park Südgelände (► Seite 24).

Ein Biotop zwischen den Schienen

5

Natur Park Südgelände

Schon vom Bahnsteig aus ist die gelbe Mauer mit den bogenförmigen Durchgängen zu sehen. Einige Schritte durch den Südeingang, und ein europaweit einmaliges Landschafts- und Naturschutzgebiet ist erreicht.

Einmalig, weil es 70 Jahre lang industriell genutzt wurde und der Natur nicht die geringste Chance bot. Wenige Jahrzehnte genügten, um aus dem 1952 aufgegebenen Bahngelände ein schutzwürdiges Biotop zu machen. Seit dem Sommer 2000 steht es, so groß wie 18 Fußballfelder, Besucherinnen und Besuchern zu einem Eintrittspreis von 1 € offen.

Große Teile des Parks, der sich schmal und lang nach Norden erstreckt, sind Naturschutzgebiet. Deshalb gelten einige Verbote. Radfahren und das Ausführen von Hunden sind untersagt, die sensiblen Kernbereiche können nur über Stege, angelegt von der Künstlergruppe Odious, begangen werden.

Doch diese Einschränkungen nehmen die Besucherinnen und Besucher gern hin, denn das Ensemble aus Natur und Technik wirkt gleich auf den ersten Blick ungewöhnlich interessant. Immer wieder stößt man auf Relikte der Vergangenheit. Der denkmalgeschützte **Wasserturm** von 1927, eine alte Dampflok der 50er Baureihe, eine Drehscheibe erinnern an den früheren Rangierbahnhof Tempelhof und die Fernstrecken in Richtung Dresden und Anhalt. Moderne Eisenkonstruktionen in vielen Formen betonen diese Technikgeschichte.

Beherrscht wird das Gelände jedoch von stellenweise geradezu urwaldartigem Bewuchs – ein reizvoller Kontrast, den man von einer Sonnen- oder Schattenbank aus unbeschwert genießen kann. Nach einer sommerlichen Führung, also mit einigem Hintergrundwissen, machen Spaziergänge aber noch mehr Spaß. Wie Flechten, Moose und anspruchslose Baumarten – Pappeln, Birken, Robinien – in Schotter und Kohlengrus wortwörtlich den Boden bereiteten für Eichen und Hainbuchen, ist ein spannendes Stück Stadtökologie. Auf dem Trockenrasen der Lichtungen haben sich botanische Raritäten angesiedelt, die man als Laie übersieht. Insgesamt sind es etwa 370 Arten. Ohne Düngen und Wässern wuchs ein Pfirsichbäumchen heran. Den besten Überblick bietet ein Hochsitz, den man erklettern kann.

Im Übrigen kreuchen und fleuchen auf dem Gelände Dachs und Fuchs, 30 Brutvogel-, 95 Wildbienen- und 57 Spinnenarten, darunter die weit gereiste südfranzösische Höhlenspinne. Viele Arten sind als gefährdet oder selten eingestuft, wie die Blauflügelige Ödlandschrecke oder, unter den Vögeln, der

Café Paresüd
Leckere Quiches und Kuchen in der ehemaligen Brückenmeisterei, mit Biergarten

Mitten im Natur Park Südgelände
www.paresued.de

Der alte Wasserturm ist weithin sichtbar

Berghänfling, die Gartengrasmücke und der Trauerschnäpper. Falls die Erkundung hungrig und durstig gemacht hat: In der alten Brückenmeisterei bietet das Café Paresüd leckere Kuchen und Quiches an. Zudem gibt es außerhalb des Parks am Nordeingang des S-Bahnhofs Priesterweg ein beliebtes Lokal mit Biergarten, die „Alte Ziegenweide“ in der gleichnamigen Kleingartenkolonie.

Das **Schöneberger Südgelände** gehörte bis zur Wiedervereinigung Deutschlands der Reichsbahn und danach der Deutschen Bahn AG. Erst nachdem die Bahn auf ihre Betriebsrechte verzichtet hatte, konnte der Wunsch von Bürgerinitiativen erfüllt und mit großzügiger Hilfe der Allianz Umweltstiftung ein Park gestaltet werden.

Am nördlichen Ende führt eine Brücke über die S-Bahngleise. Von dort geht es zum S-Bahnhof Südkreuz oder zurück zum Priesterweg durch den **Hans-Baluschek-Park**. Hier ist alles möglich, was im Naturschutzgebiet unterbleiben muss, wie Spiel und Sport. Geometrische Formen bilden einen reizvollen Gegensatz zur Wildnis, die man gerade hinter sich gelassen hat. Der Maler Hans Baluschek hatte in der Nähe sein Atelier und bevorzugte Eisenbahnmotive.

Stadtspaziergang

Start und Ziel: S-Bhf. Priesterweg
S2, S25, S26 alle 5 Min.

Spreepromenaden und Sterne gucken

6

Treptower Park

Ins Grüne nach Treptow, das hat Tradition: Heute wie vor mehr als 100 Jahren strömen die Menschen an Sommertagen in den rund 160 Hektar großen Park mit schattigen Wegen und großflächigen Wiesen. Direkt vom S-Bahnhof aus gelangt man in den zwischen 1876 und 1888 angelegten Volkspark.

„Im Grase lagern und Gerstenkaffee aus mitgebrachten Blechflaschen trinken“, so erholte man sich um 1900 in **Treptow**, und daran hat sich nicht allzu viel geändert. Lichte Promenaden am Wasser machen den Park auch im Herbst und Winter zu einem beliebten Ziel für Spaziergänger.

Wer vom S-Bahnhof kommend an der Uferpromenade entlangspaziert, trifft gleich links auf die Ausflugsdampfer der „Stern und Kreisschiffahrt“. Von den **Anlegestellen** am Treptower Park aus kann man nach Köpenick oder Woltersdorf schippern, mit Kind und Kegel nach Tegel abdampfen, eine Havelseen-Rundfahrt unternehmen oder die Berliner Innenstadt vom Wasser aus erkunden.

Doch auch wer auf dem Festland bleibt, muss sich nicht langweilen. Die Uferpromenade an der Spree führt zum traditionsreichen Ausflugslokal **Haus Zenner**. An sonnigen Tagen tummelt sich im großen Biergarten an der Spreeterrasse ein bunt gemischtes Publikum. Der Grill raucht, das Bier zischt und Live-Musik sorgt für Vergnügen. „Anno 1727“ erhielt „Haus Zenner“ das Schankrecht als „Spreebudike“ und ist damit das älteste Gartenlokal an der Spree. Seit 2022 gibt es im neu gestalteten Zenner auch einen Weingarten und einen Club.

Vom Biergarten aus fällt der Blick auf die kleine **Insel der Jugend** mitten in der Spree. Eine schwung-

Haus Zenner
Großer Biergarten, Weingarten und Club

Alt-Treptow 15
12435 Berlin
www.zenner.berlin

voll geformte Brücke führt von der Uferpromenade zur ehemaligen Abteiinsel. Tagsüber nimmt die Jugend hier ein Sonnenbad, abends und nachts finden in dem Gebäude an der Brücke Konzerte und Kulturveranstaltungen statt.

Geht man den Uferweg weiter entlang, gelangt man in den **Plänterwald**. Hinter den Bäumen ragt ein Riesenrad in den Himmel. Es gehört zum Vergnügungspark Spreepark, der lange verwaist war. Nun wird er Stück für Stück mit neuem Konzept wiederbelebt. Den Anfang macht das **Eierhäuschen**, ein historisches Ausflugslokal nahe dem Spreeufer, in das schon Theodor Fontane einkehrte. Neben einem Biergarten gibt es hier auch Ausstellungsräume mit zeitgenössischer Kunst.

Wer statt in den Plänterwald lieber einen Blick in die Welt der Sterne werfen möchte, sollte einen Besuch in der nahen **Archenhold-Sternwarte** nicht verpassen. Man folgt der Bulgarischen Straße, die vis-à-vis der Insel der Jugend zur mehrspurigen Straße Alt-Treptow führt, und biegt in diese rechts ein. Nach wenigen Metern sieht man links über alten Parkbäumen ein gigantisches Linsenfernrohr hervorragen. Die Einweihung des 21 Meter langen Gerätes 1896 zur damaligen Gewerbeausstellung im Treptower Park war eine Sensation. Das Planetarium

Im Hafen im Treptower Park legen die Ausflugsdampfer für Spreetouren ab

bietet nicht nur eine Sammlung alter astronomischer Instrumente, sondern auch eine romantische Kulisse für Hochzeiten unterm Sternenzelt. Benannt ist die Sternwarte nach Friedrich Archenhold (1861–1939), ihrem Begründer und ersten Direktor.

Ein kleiner Waldweg links von der Sternwarte führt zum 1946–48 errichteten **Ehrenmal für die gefallenen sowjetischen Soldaten**. Imposanter Mittelpunkt des Ehrenhains, in dem mehr als 5 000 Sowjetsoldaten des Zweiten Weltkriegs ihre letzte Ruhe fanden, ist die Monumentalplastik eines Rotarmisten. Auf dem linken Arm trägt er ein Kind, in seiner Rechten das Schwert, mit dem er das Hakenkreuz zerschlagen hat.

Zurück zum S-Bahnhof gelangt man, wenn man den Ehrenhain über den Ausgang Puschkinallee verlässt, diese von prachtvollen Platanen und Autoverkehr geprägte Straße überquert und dann dem Parkweg nach links zum Bahnhof folgt.

Unmittelbar westlich des S-Bahnhofs stehen die „Treptowers", ein Mitte der 1990er-Jahre errichteter Bürokomplex, der von dem 125 Meter hohen gläsernen Allianz-Turm überragt wird. Daneben, mitten in der Spree, funkelt der **Molecule Man**, die 30 Meter hohe Stahlskulptur des amerikanischen Künstlers Jonathan Borofsky.

Archenhold-Sternwarte
Größte und älteste Volkssternwarte Deutschlands mit vielfältigen Angeboten

Alt-Treptow 1
12435 Berlin
www.planetarium.berlin

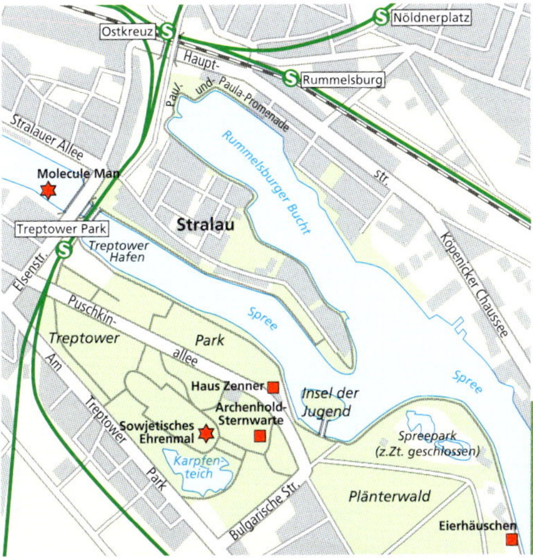

Stadtspaziergang
Start und Ziel: S-Bhf. Treptower Park
S41, S42, S8, S85, S9 ca. alle 5–10 Min.

Wandel am Wasser

7

Halbinsel Stralau

Ein Abstecher zur ruhig gelegenen Halbinsel Stralau lohnt sich. Hier lädt ein reizvoller Uferweg zum Flanieren am Wasser ein. Wo einst die Industrialisierung voranschritt, finden sich heute schicke Wohnungen mit eigenem Bootsanleger. An der Rummelsburger Bucht erreicht man die Paul-und-Paula-Promenade: Hier wurde eine Szene des berühmten DDR-Spielfilms gedreht.

Vom S-Bahnhof Treptower Park überquert man die Spree auf der parallel zur S-Bahn verlaufenden Fußgängerbrücke und biegt nach der Spreeüberquerung rechts in den Uferweg ein. Er führt hinunter auf die Halbinsel, bis zur Seepromenade an ihrer Spitze und weiter um sie herum.

Seit 1990 hat sich Stralau zu einem beliebten Wohngebiet am Wasser entwickelt. Ehemalige Fabrikspeicher wurden zu Lofts, neue Wohnquartiere und Stadtvillen sind entstanden. Die Lage am Wasser prägt auch Stralaus Geschichte: Im 13. Jahrhundert wurde die Halbinsel erstmals als Fischerdorf erwähnt, und der „Stralauer Fischzug" ist den Berlinern bis heute ein Begriff. Der Ursprung dieser Tradition liegt in der im 16. Jahrhundert eingeführten Schonzeit für Fische von Gründonnerstag bis zum Bartholomäustag, dem 24. August. Der Dorfpfarrer bekam den Ertrag der ersten Fischzüge und musste sich mit Bier und Essen für die Fischer revanchieren: Das war die Grundlage für die rauschenden Volksfeste, mit denen der Tag des Anfischens gefeiert wurde. Obwohl das Fest zeitweise wegen zu großer Ausschweifungen verboten wurde, hielt sich die Tradition bis in die 1960er-Jahre.

Mit der Ansiedlung einer Teppichfabrik begann 1865 die Industrialisierung Stralaus, es folgten Brauereien, Bootswerften, eine Palmkernöl- und eine Flaschenfabrik sowie der Bau von Mietskasernen. 1837 hat Karl Marx einige Monate auf Stralau gewohnt. An seinen Aufenthalt und an den Streik der Glasarbeiter von 1901 erinnert das **Karl-Marx-Denkmal**. Die beiden roten Steinquader mit einem Relief des Philosophen stehen in einer kleinen Grünanlage am Südufer Stralaus, in Höhe der Friedrich-Junge-Straße.

Am Südufer der Halbinsel geht der Weg in den Friedhof der **Stralauer Dorfkirche** mit dem „schiefen Turm von Berlin" über. Der Turm des 1459–64 erbauten Gotteshauses neigt sich knapp fünf Grad zur Seite. Im Zweiten Weltkrieg schwer beschädigt,

Marina und Paul-und-Paula-Promenade an der Rummelsburger Bucht

wurde die Kirche 1949 wiederhergestellt. Gleich dahinter liegt ein kleiner Park. Malerisch lassen Trauerweiden ihre Zweige ins Wasser hängen, Boote und Lastkähne schippern vorbei. Die Promenade bietet hier einen Blick auf zwei kleine vorgelagerte Inseln, die Liebesinsel und den Kratzbruch, den Plänterwald und den Treptower Park.

1899 war hier an der Stralauer Spitze ein Straßenbahntunnel unter der Spree eröffnet worden. Bis 1932 konnte man mit der „Elektrischen" nach Treptow fahren. Der Uferweg führt weiter um die Ecke herum und entlang der Rummelsburger Bucht. Vorbei an der Marina gelangt man zum Gebäude der Palmölfabrik. Nachdem der Bau zwischenzeitlich – der Palmölfabrikant ging schon 1899 pleite – als Getreide- und Tierfutterspeicher diente, beherbergt er heute schicke Wohnlofts – mit Bootsanlegern inklusive.

Geht man vom Palmölspeicher weiter an der Rummelsburger Bucht entlang, kommt man nach dem Passieren luxuriöser Townhäuser bald zur **Paul-und-Paula-Promenade** – hier wurde die Bootsszene des berühmten DEFA-Films „Die Legende von Paul und Paula" gedreht. Heute liegen hier einige Hausboote vor Anker.

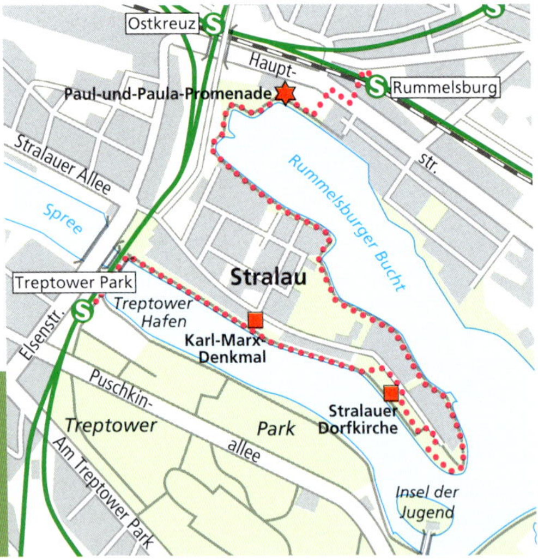

Stadtspaziergang: 5 km

Start: S-Bhf. Treptower Park S41, S42, S8, S85, S9 alle 5–10 Min.

Ziel: S-Bhf. Rummelsburg S3 alle 10–20 Min.

Ab in die Tropen

8

Botanischer Garten

Der S-Bahnhof Botanischer Garten, ein restaurierter Jugendstilbau, liegt sinnigerweise im Lichterfelder Blumenviertel: Über den Asternplatz gelangt man über die Straße Unter den Eichen zum Begonienplatz und zum Botanischen Garten. Der begeistert sowohl mit tropischen Gewächshäusern als auch mit weitläufigen Anlagen, die Pflanzen aus aller Welt präsentieren.

Dem Begonienplatz gegenüber befindet sich einer der beiden Eingänge zum **Botanischen Garten** – ein attraktives Ziel zu jeder Jahreszeit und geradezu ein Heilmittel bei Winterdepressionen. Denn in den 15 Gewächshäusern sind rund 18 000 Pflanzenarten auf mehr als 6 000 Quadratmetern zu bestaunen.

Eines der größten Gewächshäuser der Welt, das **Große Tropenhaus**, steht hier. Von den Kakteen der Wüste bis zu den Lianen der tropischen Regenwälder lässt sich die Pflanzenwelt hier erkunden. Über Brückchen, vorbei an Wasserfällen führt der Rundweg zu „alten Bekannten“ aus Urlaubstagen in wärmeren Gegenden, die hier fachmännisch gepflegt vielleicht sogar besser gedeihen als in ihren Heimatländern. Oder zu seltenen Pflanzen, die in Deutschland heimisch sind, doch in der freien Natur meist übersehen werden.

In der warmen Jahreszeit kann man im Botanischen Garten problemlos einen ganzen Tag angenehm verbringen, Hunger und Durst stillen und sogar Geschenke besorgen. Überall laden Bänke zu Ruhe- oder Lesepausen ein. So kann man nacheinander die Botanik der nördlichen gemäßigten Klimazonen besichtigen, von den Alpen über den Kaukasus bis zum Himalaya, den Sumpf- und Wassergarten besuchen sowie den Bauerngarten und die Nutz- und Arzneipflanzen.

Häufig liegen die Ursprünge botanischer Gärten in Arzneipflanzengärten. Im Heilkräutergarten sind rund 230 Heilpflanzen zu sehen – sortiert nach ihrem medizinischen Anwendungsbereich. Auf den zugehörigen Etiketten können sich die Besuchenden informieren, wie giftig oder heilkräftig eine Pflanze ist und welche Stoffe für die jeweilige Wirkung verantwortlich sind. Der Duft- und Tastgarten vermittelt ganz ungewohnte Eindrücke von der Schönheit der Pflanzenwelt. Er ist besonders auf die Bedürfnisse sehbeeinträchtigter Menschen zugeschnitten.

Der Botanische Garten zog in seiner Geschichte mehrmals um. Zur Zeit der brandenburgischen Kur-

Botanischer Garten Berlin
Eingänge:
Unter den Eichen/Begonienplatz
Königin-Luise-Str. 6–8
www.bo.berlin

Schaugewächshäuser und Landschaftsgärten wollen erkundet werden

fürsten gab es bereits den heute noch so genannten Lustgarten an der Spree. 1679 kam auf Geheiß des Großen Kurfürsten der heutige Kleistpark dazu. Da der Garten dort nicht vergrößert werden konnte, wurde er zwischen 1896 und 1910 am jetzigen Ort neu angelegt. Im 19. Jahrhundert erhöhten berühmte Botaniker und Naturwissenschaftler wie de Lamarck, Darwin und Haeckel seine wissenschaftliche Bedeutung. Bis heute spielt die Wissenschaft hier eine wichtige Rolle, so gehen jährlich rund 40 000 Pflanzen und Pflanzenteile als Lehrmaterial an die Berliner Hochschulen – der Garten ist inzwischen eine Zentraleinrichtung der Freien Universität Berlin.

Wer mehr über die Geschichte der Botanik wissen möchte, sollte ein bisschen Zeit für das **Botanische Museum** reservieren. Von der Stammesgeschichte und -geographie der Pflanzen bis hin zu Erkenntnissen aus pflanzlichen Funden aus altägyptischen Pharaonengräbern kann man hier allerhand Wissenswertes erfahren. Bis 2025 ist es allerdings wegen inhaltlicher Überarbeitungen geschlossen.

Stadtausflug

Start und Ziel: S-Bhf. Botanischer Garten
S1 alle 10 Min.

Lustwandeln wie die Könige

9

Schlosspark Charlottenburg

Nur wenige Schritte sind es von der S-Bahn-Station Westend zum Schloss Charlottenburg, das sich im Barockstil und mit dazu passendem französischen Barockgarten fast wie ein Berliner Versaille präsentiert. Der daran anschließende englische Landschaftsgarten lädt zum Flanieren ein und die nahegelegenen Kunstmuseen versprechen kulturelles Vergnügen.

Das **Schloss Charlottenburg** ist als letzte in Deutschland erhaltene Hohenzollernresidenz eine ganz besondere Berliner Sehenswürdigkeit. Kurfürst Friedrich III., der sich 1701 zum ersten preußischen König krönte, ließ den barocken Mittelbau in den Jahren 1695–1699 vom Architekten Johann Arnold Nering für seine Frau Sophie Charlotte errichten. In den folgenden Jahren ergänzte Johann Friedrich Eosander von Göthe den Kuppelaufsatz, die beiden Seitenflügel und die Große Orangerie im Westen. Auf dem grünen Kuppelturm dreht sich als vergoldete Wetterfahne die Glücksgöttin Fortuna im Wind.

Im Inneren des Schlosses sind nicht nur die königlichen Gemächer zu sehen, sondern auch das Porzellankabinett, die lichtdurchflutete Goldene Galerie sowie die Französische Gemäldesammlung Friedrichs des Großen. Jener war übrigens der Enkel des Schlosserbauers Friedrichs III. Im gepflasterten Ehrenhof, dem Haupteingang der ehemaligen Hohenzollernresidenz, steht eines der bedeutendsten barocken Reiterdenkmäler: das von Andreas Schlüter 1698–1703 geschaffene **Standbild des Großen Kurfürsten** Friedrich Wilhelm, dem Vater des Erbauers von Schloss Charlottenburg.

Hinter dem Schloss erstreckt sich die weitläufige Gartenanlage, in der es sich lustwandeln lässt wie

Schlosspark Café
Kaffee und Kuchen auf der Terrasse der Großen Orangerie

Spandauer Damm 22
14059 Berlin
www.orangerie-charlottenburg.com

Das Belvedere beherbergt heute die weltweit größte Ausstellung der königlichen Porzellanmanufaktur Berlins

zu Königs Zeiten. Buchsbaumhecken und Orangenbäume, symmetrisch angeordnet und geschnitten, bilden zusammen mit bunten Zierpflanzen und Wasserspielen den **französischen Barockgarten** im vorderen, südlichen Teil des Parks. 1697 nach den Entwürfen eines Pariser Gärtners angelegt, war dies der erste französische Barockgarten in Deutschland. Von der Puttenbalustrade am nördlichen Ende des Barockgartens blickt man auf den großen, ebenfalls im 17. Jahrhundert angelegten Karpfenteich. Westlich davon liegt die Luiseninsel, auf der man verschiedene Antikennachbildungen bewundern kann. Benannt ist die Insel nach der beliebten und früh verstorbenen Königin Luise, die mit Friedrich Wilhelm III. (dem Großneffen von Friedrich dem Großen, preußischer König von 1796–1840) verheiratet war. Die geschwungenen Spazierwege nördlich von Karpfenteich und Insel gehören zu dem **englischen Landschaftsgarten,** der Ende des 18. Jahrhunderts von Peter Joseph Lenné gestaltet wurde. Den Trümmerhügel ganz im Norden des Areals nutzen die Berlinerinnen und Berliner je nach Jahreszeit als Liegewiese, zum Drachen steigen lassen oder Rodeln.

Durch die Bäume im Osten des englischen Landschaftsgartens schimmern die grünlichen Fassaden des 1789 errichteten **Belvedere** von Carl Gotthard Langhans. Ursprünglich diente es als Teehaus, heute ist dort eine Sammlung Berliner Porzellane zu besichtigen.

Die Spree, die die östliche Begrenzung des Schlossparks bildet, wurde vom Hofstaat einst als

Gipsformerei der Staatlichen Museen
Hier werden Gipskopien aus über 7000 Vorlagen gefertigt. Das breitgefächerte Angebot reicht von Abbildern der Hohenzollern bis hin zu ägyptischen Katzen.

Sophie-Charlotten-Str. 17/18
14059 Berlin
www.smb.museum/museen-einrichtungen/gipsformerei

Verbindungsweg zum Berliner Stadtschloss genutzt – die Schifffahrt war bequemer als die Reise auf sandigen Landstraßen. Ganz im Südosten des Parks, nahe der Spree, steht der anmutige **Neue Pavillon** mit hellen Fassaden und grünen Fensterläden, der 1824 nach Plänen von Karl Friedrich Schinkel errichtet wurde. Auf Wunsch des Königs Friedrich Wilhelm III. diente eine italienische Villa als Vorbild für das königliche Sommerhaus. Heute sind dort Gemälde, Skulpturen und Möbel des frühen 19. Jahrhunderts zu besichtigen. Schinkel entwarf auch das **Mausoleum der Königin Luise** im westlichen Teil des Schlossparks. Eine dunkle Tannenallee führt von den Schlossgebäuden zu dem Grabmal, das Schinkel nach dem Vorbild eines dorischen Tempels entworfen hat.

Zum Gebäudeensemble des Schlosses gehören auch noch die quadratischen Bauwerke auf der gegenüberliegenden Seite des Spandauer Damms. Sie tragen weithin sichtbare Kuppelaufsätze und entstanden zwischen 1852 und 1859 nach Plänen von August Stüler als Gardekasernen. Der östliche Bau beherbergt die **Sammlung Scharf-Gerstenberg** mit Arbeiten von Surrealisten und ihren Vorläufern. Zu sehen sind unter anderem Werke von Piranesi, Goya, Magritte, Max Ernst und Dubuffet.

Gegenüber, im westlichen Stüler-Bau an der Schloßstraße 1, befindet sich die **Sammlung Berggruen,** eine der bedeutendsten Sammlungen moderner Malerei. Allein 70 Werke von Picasso sind hier zu sehen. Direkt neben der Sammlung Berggruen liegt das **Bröhan-Museum.** Möbel, Kunsthandwerk und Porzellan aus der Zeit des Jugendstils und Art déco werden hier neben Gemälden und Zeichnungen ausgestellt.

Stadtspaziergang

Start und Ziel: S-Bhf. Westend
S41, S42, S46 alle 5–10 Min.

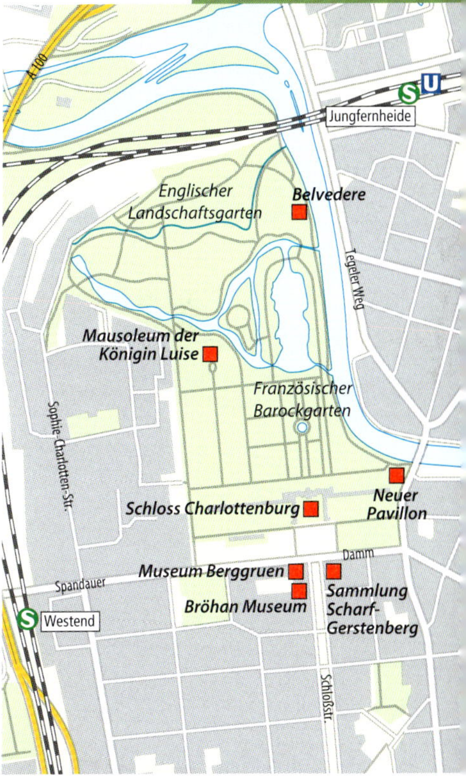

Grüne Orte ganz nah

Durch den Grunewald streifen, im Müggelsee baden, Preußens Arkadien entdecken oder Spaß in der Wuhlheide haben: All das kann man wunderbar an Berlins grünem Rand. Wer schöne Landschaften bewundern, hübsch angelegte Gärten bestaunen, Schlösser besichtigen oder Aussichtstürme besteigen will, muss gar nicht so weit fahren, um auf seine Kosten zu kommen.

Im Seebad Friedrichshagen am Müggelsee kann man die Füße in den Sand stecken

Radeln im Grenzbereich

10

Tegel

Eine abwechslungsreiche Radtour führt durch den Tegeler Forst, mit der Fähre über die Havel und weiter auf dem Berliner Mauerweg durchs ehemalige Grenzdorf Nieder Neuendorf bis nach Hennigsdorf. Unterwegs gibt es viele schöne Badestellen, an denen man eine Pause einlegen kann. Wer mag, macht gleich am Anfang einen Abstecher in den Schlosspark von Schloss Tegel.

Vom S-Bahnhof Tegel geht es die Gorki-Straße entlang über die Berliner Straße nach Alt-Tegel. Hier erwarten an sonnigen Wochenenden etliche Gartenlokale ihre Gäste – kein Wunder, denn die verkehrsberuhigte Straße mit den alten, niedrigen Häusern führt direkt zum **Tegeler See**. Dort, an der Greenwich-Promenade, legen die Ausflugsdampfer zu ihren Fahrten auf der Havel ab.

Über die Tegeler Hafenbrücke (Fahrräder müssen die Treppe hochgetragen werden) nähert man sich dem Tegeler Forst und hält sich immer parallel zum Seeufer. Wer zuvor noch einen Blick auf das **Tegeler Schloss** werfen möchte, kann dies vom frei zugänglichen Schlosspark aus tun. Seine heutige Gestalt erhielt das feudale Gemäuer, das auf eine 450-jährige Geschichte zurückblickt, um 1820. Damals wurde es von der Familie Humboldt um einige Flügel erweitert. Das Schloss (Bibliothek) ist nur nach Anmeldung und mit Führung teilweise zu besichtigen.

Auf dem Schwarzen Weg fährt man weiter Richtung Havel. Der breite, zunächst asphaltierte Weg führt durch herrlichen Mischwald vorbei am **Strandbad Tegel** bis nach **Tegelort**, einem Ortsteil mit kopfsteingepflasterten Alleen. Hier nimmt man die Fähre über die hier nicht sehr breite Havel.

Weiter geht's am anderen Ufer der Havel entlang in nördlicher Richtung. Über die Fußgängerbrücke

Grenzturm
Ausstellung zu den Grenzanlagen im Original-Grenzturm (zwischen Dorfstraße und Havel) in Nieder Neuendorf

Café Diadem
Kleines Café am Dorfanger in Nieder Neuendorf

Dorfstr. 28
16761 Hennigsdorf
www.cafediadem.de

Bevor der Grenzturm in Nieder Neuendorf erreicht ist, geht es über die Tegeler Hafenbrücke

am Teufelsseekanal (schöne Aussicht auf Konradshöhe) erreicht man auf dem Berliner Mauerweg die Badestelle „Bürgerablage“ (► Seite 92) mit Sandstrand unter hohen Kiefern. Gleich dahinter führt der Weg waldeinwärts parallel zur Havel weiter. Dass man sich nun an der ehemaligen Grenze der DDR zu West-Berlin befindet, merkt man nicht nur an dem schönen Radweg auf dem Grenzstreifen: Kurz vor dem alten Ortskern von Nieder Neuendorf steht an der Havel ein **ehemaliger Grenzwachturm.** Der Turm war Teil der Grenzanlagen, die **Nieder Neuendorf** mittels Mauern und Stacheldraht von der Havel vollständig abschotteten. Heute ist in dem Wachturm ein Grenz-Museum eingerichtet. Von der obersten Etage hat man einen schönen Ausblick über den Strom – kaum noch vorstellbar, dass hier eine der am besten bewachten Grenzen der Welt verlief. Nördlich vom Wachturm liegt das Dorfzentrum von Nieder Neuendorf mit seinem typisch märkischen Dorfanger und der Kirche aus dem 13. Jahrhundert. 500 Meter weiter oberhalb beginnt das neue Nieder Neuendorf: der Ortsteil Havelpromenade mit eigenem Jachthafen und Zugbrücke über einen Kanal – hier können manche Bewohnerinnen und Bewohner mit ihrem Boot gleich vor der eigenen Haustüre anlegen.

Ein Abstecher zum nördlichen Ortsende führt zur **Naturbadestelle Nieder Neuendorf.** Dort kann man nicht nur am flachen Sandstrand liegen, sondern hat auch einen herrlichen Blick über die Havel, die sich an dieser Stelle Nieder Neuendorfer See nennt.

Zurück auf dem Berliner Mauerweg geht es weiter an der Havel entlang bis nach **Hennigsdorf.**

Radtour: 16 km

Start: S-Bhf. Tegel S25 alle 20 Min. oder U-Bhf. Alt-Tegel U6 alle 5–10 Min.

Ziel: S-Bhf. Henningsdorf S25 alle 20 Min.

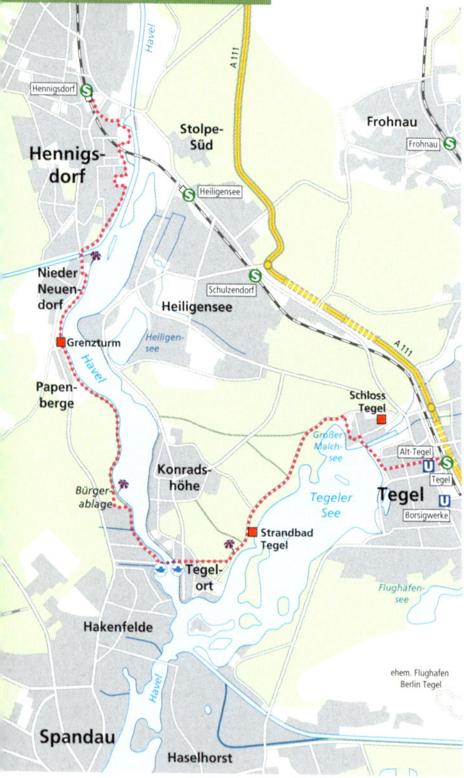

An manchen Tagen verkehrt die Parkeisenbahn mit Dampfloks!

Volkspark und Naturraum mit FEZ

11

Wuhlheide

Die Wuhlheide ist ein alter Stadtforst mit mächtigen Kiefern und Eichen. 1911 als großer Waldpark angelegt, bietet die Wuhlheide viel Platz für Aktivitäten aller Art. Neben dem bekannten Freizeit- und Erholungszentrum (FEZ) locken der Modellpark Berlin und das Haus für Natur und Umwelt.

Umsteigen bitte! Gleich auf dem Nachbargleis am S-Bahnhof Wuhlheide fährt ein besonderer Zug ab: die Parkeisenbahn des **Freizeit- und Erholungszentrums (FEZ)**. Diese Bahn wird von Kindern betrieben – unter der Anleitung von „echten" Eisenbahnern. Der Zugabfertiger ist also ein Knirps. Seit 1956 rollen die Diesel- und Dampfzüge auf der 7,5 Kilometer langen Strecke. Im Sommerhalbjahr bringen die Schmalspurbahnen die Besucher in 30 Minuten zu allen Attraktionen des FEZ.

Das FEZ hat jährlich über eine Million Besucher, darunter auch viele Erwachsene. Das ca. 19 Hektar umfassende Areal ist das größte seiner Art in Deutschland.

Am Bahnhof Eichgestell der Parkeisenbahn geht's zum Herzstück des FEZ, dem Freizeitzentrum mit 30 Fachwerkstätten, Puppentheater, Studiobühne, Sporthalle, Schwimmhalle, Tonstudio, Konzert- und Theatersälen und Restaurant. Das großzügige, mit Lärchenholz verkleidete Gebäude mit den vielen Ebenen, 1979 als Pionierpalast erbaut, lässt kaum einen Kinder- und Jugendwunsch offen.

Eine besondere Attraktion ist das aufwendig modernisierte Raumfahrtzentrum **orbitall**: Es wurde der Raumstation ISS nachempfunden und bietet 15 Raumfahrern und einer zwölfköpfigen Bodenbesatzung Platz für einen virtuellen Flug durch das All. Die Reise dauert 17 Minuten und wird über Bildschirme nach innen und außen übertragen.

Neben dem zentralen Gebäude gibt es noch weitere Anziehungspunkte im weitläufigen Park: die Parkbühne, einen Ökogarten mit tropischem Gewächshaus, mehrere Sportplätze, ein Stadion und eine Freilichtbühne. Im **Haus Natur und Umwelt** können Großstadtkinder die Tier- und Pflanzenwelt hautnah erleben. In der weitläufigen Gartenanlage mit Teichen, Freilandterrarium, Tiergehegen, Streichelzoo und Pferdekoppel können insgesamt 300 Tiere beobachtet werden. Im Haus selbst gibt es eine naturkundliche Ausstellung zu den Themen „Wald" und „Wunderwelt Boden", außerdem Terrarien, Aquarien und Volieren, Kabinette zum Experimentieren und Mikroskopieren sowie eine umfangreiche Insekten- und Präparatesammlung. Auch für ältere Besucher bietet die Wuhlheide einiges. Ein schöner Spaziergang führt vom Hauptgebäude an der be-

Freizeit- und Erholungszentrum (FEZ)
Kinder- und Jugendparadies in der Wuhlheide

An der Wuhlheide 197
12459 Berlin
www.fez-berlin.de

Parkeisenbahn
Hier stellen Kinder die Weichen und fahren die Lok

Tel. (0 30) 53 89 26 60
Fahrplan unter:
www.parkeisenbahn.de

Oben: Im Modellpark Berlin-Brandenburg sieht man das Köpenicker Schloss im Kleinformat
Unten: In der Wuhlheide macht das Wandern Spaß

rühmten Parkbühne vorbei über die schnurgerade Allee des Eichgestells in den leicht verwilderten Teil des Parks entweder zur Karlshorster Treskowallee oder über Umwege zurück zum S-Bahnhof Wuhlheide.

Während vormittags meist Veranstaltungen für Schulen und Kitas stattfinden, gehören die Nachmittage den kleinen Einzelbesuchern. Diesen wird ein umfangreiches Kurs- und Mitmachangebot offeriert: von Sport über Theater, Musik, Kunst, Medien, Technik, Handwerk und Basteln – alles, was Kindern Spaß macht. Viele Wochenend-Veranstaltungen stehen unter einem thematischen Schwerpunkt und richten sich an Kinder, Jugendliche und Eltern. Das Spektrum reicht vom Festival des Sports über Fasching bis zur Reisemesse oder Veranstaltungen zur Raumfahrt. Ausführliche Programme informieren über alle Aktivitäten. Also: einfach hingehen, zusehen, ausprobieren, mitmachen.

Im westlichen Teil des Parks kann man Berlin und Brandenburg im Kleinformat bestaunen: Auf 15 000 Quadratmetern wurden im **Modellpark Berlin-Brandenburg** über 80 Berliner und Brandenburger Sehenswürdigkeiten im Maßstab 1:25 originalgetreu nachgebaut, darunter das Reichstagsgebäude, das Pergamonmuseum und das Köpenicker Schloss.

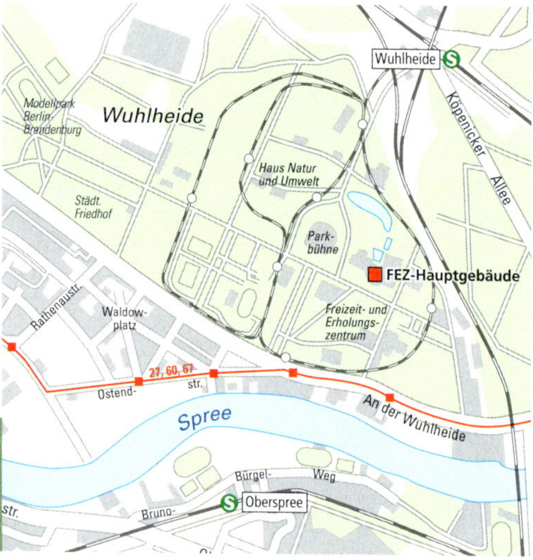

Stadtausflug
Start und Ziel: S-Bhf. Wuhlheide
S3 alle 10 Min.

Des Hauptmanns Freiheit

12

Köpenick

Ein Schuster war's, der Köpenick berühmt machte, damals 1906, als es noch nicht zu Berlin gehörte. Als „Hauptmann von Köpenick" stahl er die Stadtkasse und ließ den Bürgermeister einsperren. Heute steht sein Denkmal vor dem Rathaus in der Altstadt, die mit ihren historischen Häusern, dem Luisenhain und der Schlossinsel verzaubert.

Kommt man vom S-Bahnhof Köpenick, so fährt man am besten mit der Straßenbahn weiter in die Köpenicker Altstadt. Ein Besuch des im neugotischen Stil 1903–1905 erbauten Rathauses mit seinen Gewölben und dem Ratskeller lohnt sich – es gehört zu den schönsten in Berlin. Vor dem Rathaus steht in Bronze der Hauptmann von Köpenick, ganz à la mode der Kaiserzeit mit großem Schnauzbart und Säbel.

Gegenüber lockt der hübsche Park Luisenhain mit seiner Promenade an der Dahme. Der Blick hinüber nach Spindlersfeld ist eine Augenweide. Danach sollte man einen kleinen Bummel durch die denkmalgeschützte Altstadt mit ihren restaurierten Bürgerhäusern nicht versäumen: Vom Rathaus an der Laurentiuskirche vorbei zur Straße „Freiheit", in der einst ironischerweise das Gefängnis stand. Die „Freiheit" und Lüdersstraße geht es entlang zum Futranplatz. Von hier blickt man auf die direkt an der Spree gelegene und liebevoll restaurierte Häuserzeile Katzengraben. Über die Lüders- und Jägerstraße läuft man zum Schüßlerplatz mit seinem geschlossenen, kleinstädtisch wirkenden Altbauensemble, rekonstruiert und komplettiert mit historischen Laternen, Straßenschildern und einer Alt-Köpenicker Pumpe.

Ein kleines Juwel am südlichen Altstadtrand ist die 2 Hektar große Schlossinsel: Schon in slawischer Zeit stand hier eine Burg, 1558 ließ Kurfürst Joachim II. ein Renaissanceschloss errichten, das 1677 abgerissen wurde. Darauf ließ Kurfürst Friedrich Wilhelm dort ein Jagd- und Lustschloss für seinen Sohn, den Kurprinzen Friedrich III. (den späteren König Friedrich I.) bauen. Der Westflügel des Schlosses entstand unter dem niederländischen Architekten Rutger van Langevelt. Das Schloss wurde 1682 durch einen Torbau und eine Kapelle (1685) von Johann Arnold Nering ergänzt. Zur Zeit Friedrichs I. hat das Schloss allerdings nur wenige glanzvolle Gesellschaften gesehen, denn seine Gemahlin Sophie Charlotte mochte diesen Ort nicht.

Kunstgewerbemuseum im Schloss Köpenick
Im Köpenicker Schloss werden einzigartige Werke der Ausstattungskunst des 16. bis 18. Jahrhunderts gezeigt

Schlossinsel 1
12557 Berlin

Mutter Lustig
Schönes Ausflugslokal an der Spree mit Außenterrasse und Wasserblick

Müggelheimer Str. 1
12555 Berlin
www.mutter-lustig.berlin

Oben: Liebevoll restaurierte Fischerhäuser im Köpenicker Ortsteil Kietz
Unten: Die Kapelle am Köpenicker Schloss wurde 1685 eingeweiht

Das Schloss ist heute wieder Sitz des **Kunstgewerbemuseums.** Keinesfalls versäumen sollte man einen Rundgang durch den kleinen Schlosspark mit seinen alten Bäumen. An der Spitze der Insel hat man einen reizvollen Blick nach rechts über die Dahme zur Köllnischen Vorstadt und nach links über den Frauentog auf den Kietz.

Der **Kietz** war einst eine Vorstadt Köpenicks, er wurde erst 1898 eingemeindet. Etwa seit dem Jahr 1200 stand hier ein slawisches Fischerdorf, später ließen sich an diesem Ort die Köpenicker Fischer nieder. Der Kietz hat heute noch einen dörflichen Charakter mit seinen oft einstöckigen Häuserzeilen, die inzwischen fast alle restauriert sind.

Auch der Name **Frauentog,** der Bucht zwischen Schlossinsel und Kietz, kommt von den Fischern. Als sie einmal längere Zeit wenig Fische fingen und Not herrschte, machte ein scheinbar einfältiges Mädchen den Vorschlag, die Kietzfischer sollten doch gleich vor ihrer Haustüre fischen. Der Vorschlag wurde höhnisch abgelehnt. Daraufhin warfen die Frauen nachts alleine in der Bucht die Netze aus – mit Erfolg. Seitdem heißt die kleine Bucht Frauentog.

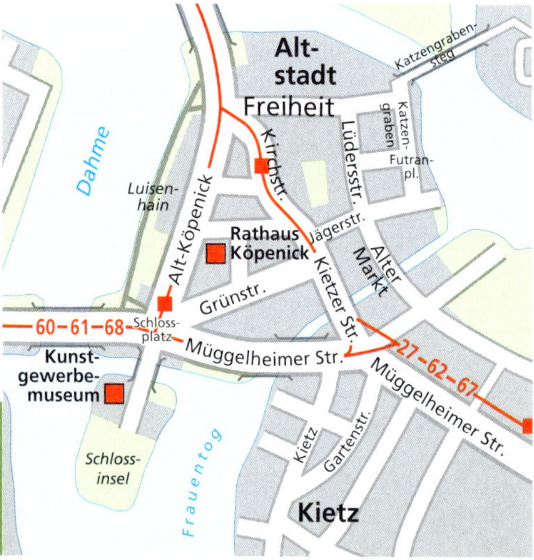

Stadtspaziergang

Start und Ziel: S-Bhf. Köpenick
S3 alle 10 Min. und Tram 62, 63, 68 bis Rathaus Köpenick

Dichterkreis und Rübezahl

13

Friedrichshagen

Früher mal ein Eldorado für Berliner Dichterinnen und Dichter, präsentiert sich Friedrichshagen heute als gemütliches Idyll am Müggelsee. Auf der Flaniermeile Bölschestraße kann man noch gut das Flair des 19. Jahrhunderts erahnen, bevor man sich zu einer kleinen Wanderung am Müggelsee aufmacht oder einen Sprung ins kalte Nass wagt.

Um die Wende zum 20. Jahrhundert zog es großstadtmüde Bohemiens und Literaten nach Friedrichshagen. Sie bildeten den Friedrichshagener Dichterkreis. Was die Poetinnen und Poeten um Wilhelm Bölsche und Bruno Wille hier suchten, kann man auch heute noch finden: In Friedrichshagen ist alles etwas ruhiger und beschaulicher als in der hektischen Stadt, und Natur gibt es in Fülle.

Wenn man vom S-Bahnhof die **Bölschestraße** in Richtung Müggelsee hinunterspaziert, spürt man noch etwas vom Flair der Zeit um 1900. Die aufwendig restaurierten Häuser, dreistöckige Bürgerhäuser und einstöckige Gebäude mit Remisen strahlen eine fast südländische Atmosphäre aus. Gegründet wurde der Ort von Friedrich dem Großen als Kolonie sächsischer und böhmischer Baumwoll- und Seidenspinner. Das ist auch der Grund für die ungewöhnliche Breite der Bölschestraße: Hier standen die Maulbeerbäume zum Füttern der Seidenraupen.

Viele kleine Geschäfte, Cafés und Restaurants verlocken zum Bummeln, zum Shoppen, zum Essen und Trinken. Auf halbem Weg zum Müggelsee ragt die **Christophoruskirche** in die Straße hinein. Der üppig gegliederte Backsteinbau stammt aus den Jahren 1901–03. Auf dem Marktplatz gegenüber findet man eine wiederhergestellte **Statue Friedrichs des Großen,** von Bürgern Friedrichshagens gespendet.

Domaines
Französisches Café und Restaurant im Müggelpark

Josef-Nawrocki-Str. 22
12587 Berlin
www.domaines-berlin.de

Seebad Friedrichshagen
Bildhübsches historisches Seebad mit Sandstrand und Sprungturm

Müggelseedamm 216
12587 Berlin
Tram 60, 61 bis Josef-Nawrocki-Straße

Strandbad Müggelsee
Das Strandbad des Ostens: 400 Meter feiner, breiter Sandstrand, Bistro und Sporteinrichtungen

Fürstenwalder Damm 838
12589 Berlin
Tram 60, 61 bis Strandbad Müggelsee

Ist man am Ende der „Bölsche" und hat den Müggelseedamm überquert, steht man vor der ehemaligen Brauerei „Berliner Bürgerbräu". Links entlang des Brauereigeländes geht's durch den Müggelpark zu den Ufern des großen **Müggelsees**. Von der Uferpromenade hat man einen herrlichen Blick über Berlins größten See bis hin zu den gegenüberliegenden Müggelbergen.

Hier, wo der Müggelsee in die **Müggelspree** übergeht, die weiter Richtung Köpenick fließt, geht es hinunter in den **Spreetunnel**. Dieser in den Jahren 1926/27 erbaute Tunnel galt seinerzeit als herausragende technische Leistung, da vorgefertigte Tunnelelemente in die Spree abgesenkt wurden. Am Tunnelausgang auf der anderen Seite hat man die Wahl: Rechts herum führt der Weg an der Müggelspree entlang stadteinwärts bis zur Salvador-Allende-Brücke (3 Kilometer). Von hier aus fahren alle Busse Richtung S-Bahnhof Köpenick.

Wer nach der Spree-Unterquerung lieber links am Müggelsee entlang wandert, kommt zum beliebten Ausflugslokal „Rübezahl" und nach 3 Kilometern zum „Hotel Müggelsee", der ehemaligen „Müggelseeperle".

Wer allerdings baden möchte, der sollte am Friedrichshagener Seeufer bleiben und den Müg-

Viel Platz im Strandbad Müggelsee

gelseedamm Richtung Rahnsdorf nehmen. Noch in Ortslage stößt man auf das historische und liebevoll gepflegte **Seebad Friedrichshagen**.

Etwas weiter, am Rand von Friedrichshagen liegt das alte **Wasserwerk Müggelsee** mit seinen imponierenden Gebäuden im märkisch-gotischen Backsteinstil. 1893 erbaut, galt es damals als das größte und modernste Wasserwerk Europas. Im stillgelegten Schöpfmaschinenhaus ist heute ein – leider nur selten zugängliches – Museum zur Geschichte der Wasserversorgung Berlins mit drei originalen Dampfmaschinen aus dem Jahre 1893 untergebracht.

Von hier ist es nicht mehr weit, bis ein Weg rechts in den Forst zu den ersten baumbestandenen wilden Badestellen am Müggelsee führt. Zum großen **Strandbad Müggelsee** mit seinem langen Sandstrand sind es noch 3 Kilometer. Es wurde Anfang des 20. Jahrhunderts errichtet und in der DDR-Zeit umgebaut. Derzeit wird das Strandbad bei laufendem Betrieb saniert; danach soll es wieder weitgehend so aussehen wie in den 1920er-Jahren.

Direkt vor dem Strandbad hält die Straßenbahnlinie 61, die zurück zum S-Bahnhof Friedrichshagen fährt.

Fisch-Borke
Biergarten nahe des Strandbads. Leckere Snacks mit traumhaftem Blick über den Müggelsee.

Fürstenwalder Damm 838
12589 Berlin
www.fisch-borke.de

Stadtspaziergang: ca. 2 km
Start und Ziel: S-Bhf. Friedrichshagen
S3 alle 10 Min.

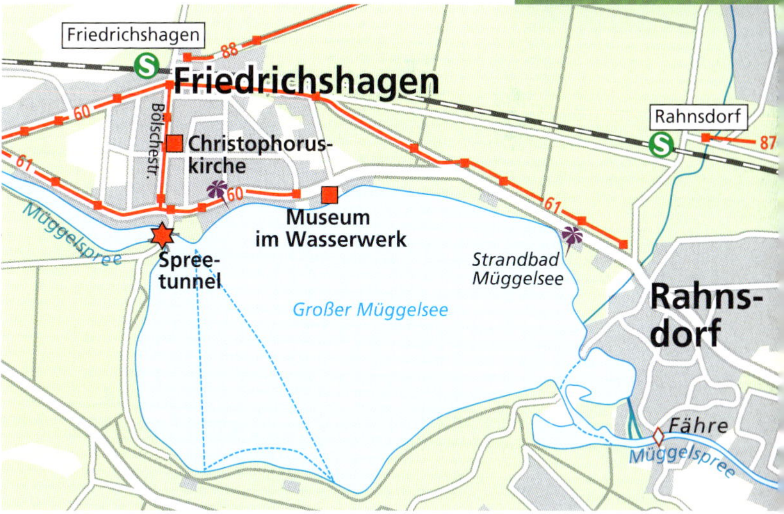

Idyll an der Müggelspree

14

Rahnsdorf

Zwar ist der Fischerkiez heute nicht mehr von Fischern bewohnt, aber in Rahnsdorf am Müggelsee bekommt man bei Familie Thamm trotzdem noch frisch gefangenen Fisch! Im alten Dorfkern kann man wunderbar die Seele baumeln lassen und hat das mitunter hektische Stadtleben bald fast vergessen.

Über 500 Jahre lang war die Fischerei die Haupteinnahmequelle der Fischergemeinde **Rahnsdorf**. Den Fischerkiez am Dorfanger gibt es bis heute, jedoch lebt kein einziger Fischer mehr hier.

Der Niedergang dieses Erwerbszweigs begann gegen Ende des 19. Jahrhunderts, als die Ufer zunehmend bebaut wurden. Die Spree wurde begradigt, der Oder-Spree-Kanal gebaut. Das entzog der Spree viel Wasser. Die Teerchemie in Erkner trug zur Vergiftung des Spreewassers ihren Teil bei. Durch die Zunahme des Wassersports, besonders nach dem Ersten Weltkrieg, wurden die Laichplätze am Ufer in Mitleidenschaft gezogen. 1984 gab schließlich der letzte Rahnsdorfer Fischer auf. Was Rahnsdorf trotzdem noch hat, ist sein Fischerkiez, der alte Dorfkern, der sich um die Dorfkirche gruppiert. Rahnsdorf, 1375 zum ersten Mal urkundlich erwähnt, besaß bis ins 19. Jahrhundert hinein keinerlei Äcker. Die Einwohnerinnen und Einwohner lebten ausschließlich vom Fischfang.

Der Weg verläuft vom S-Bahnhof Rahnsdorf parallel zum Fredersdorfer Mühlenfließ: Man nimmt einfach gleich den ersten Fußweg links durch den Wald Richtung Rahnsdorf. Nach Überquerung des Fürstenwalder Damms lohnt zunächst ein Abstecher weiter am Fließ entlang bis zur Mündung in den Müggelsee, dem **Müggeleck**. Es ist wirklich eine schöne Ecke mit stark vom Schilf zugewachsenem Ufer, in dem unzählige Vögel zwitschern. Der schöne Ausblick auf den Müggelsee mit Enten, Schwänen, Blesshühnern und zuweilen auch dem einen oder anderen Graureiher lädt zum Verweilen ein.

Um zum **Fischerkiez** zu kommen, geht man wieder ein Stück zurück. Kurz vor dem Ende dieses Wegs führt eine Brücke über das Fließ. Über diese Brücke und in südöstlicher Richtung gelangt man über Brücken- und Wiesenstraße, Aalstieg und dann rechts in den Lachsfang eingebogen zur gepflasterten Dorfstraße, die rechter Hand zum alten Dorfkern führt. Die Dorfkirche, die den Platz dominiert,

F24 Ruderfähre
über die Müggelspree
Mai–Anfang Okt.
Sa/So/Fr 11–19 Uhr

Müggelsee Fischerei
Fisch-Imbiss mit Familientradition nahe der Anlegestelle der Fähre 24. Herr Thamm, der letzte Fischer vom Müggelsee, verkauft am Wochenende frisch geräucherten Fisch aus eigenem Fang.

Im alten Fischerdorf
Dorfstr. 13
12589 Berlin

In Rahnsdorf lebt man am und auf dem Wasser

wurde nach einem Brand 1872 neu errichtet. Erst teilweise restauriert sind die umliegenden Häuser. Vor der Kirche erinnert ein Gedenkstein an einen der vielen Lebensretter, August Herrmann, der mehr als 100 Menschen vor dem Ertrinken im Müggelsee bewahrte. Um die Jahrhundertwende wurde Rahnsdorf auch „Dorf der Lebensretter" genannt.

Die kurze Kruggasse führt vom Dorfanger zur **Müggelspree**, die es zu überqueren gilt. Hier rudert an Wochenenden in der Sommersaison ein Fährmann seine Passagiere noch höchstpersönlich übers Wasser nach Müggelheim. Der Ort wurde im 18. Jahrhundert von 20 Familien aus der Pfalz gegründet. Heute leben hier, ganz umgeben von Wald, rund 6 000 Einwohner, meist in kleinen Siedlungshäusern.

Auf der anderen Seite angekommen, geht es über die Straße Zu den Müggelheimer Wiesen zur Odernheimer Straße. Dort (ca. 600 Meter südwestlich) fährt der Bus zum S-Bahnhof Köpenick. Oder man entschließt sich zur reizvollen Wanderung um den Kleinen und Großen Müggelsee herum bis zum Spreetunnel nach Friedrichshagen (▶ Seite 60) oder sogar noch weiter bis nach Köpenick.

Wanderung: 5 km

Start: S-Bhf. Rahnsdorf
S3 alle 10–20 Min.

Ziel: Haltestelle Odernheimer Str.
Bus 169 alle 20 Min.

Vom Langen See in die Müggelberge

15

Grünau

In Grünau geht es mit der BVG-Fähre über die Dahme, um dann am Langen See entlangzuspazieren. Badelustige suchen sich einen Platz am schönen Sandstrand. Auf dem Müggelturm kann ein toller Rundblick genossen werden, bevor der Rückweg am Müggelsee vorbei und für die Heimfahrt bis nach Friedrichshagen führt.

Vom S-Bahnhof geht es durch die Wassersportallee zum Ufer der Dahme und zur Fähre, mit der man den Fluss überquert. Auf der anderen Seite, in dem ruhigen Villenvorort Wendenschloss, nimmt man rechts die Wendenschloßstraße zum Möllhausenufer, wo die Dahme sich zum **Langen See** verbreitert. Diese Uferpromenade führt nun am Strandbad Wendenschloss vorbei auf den Weg, der das Ufer des Langen Sees auf dieser Seite in seiner ganzen Länge begleitet.

Fast überall ist der Blick auf den See und das jenseitige Ufer frei. Gegenüber liegt das Strandbad Grünau, auf dem Wasser sind die Markierungen der traditionellen Regattastrecke zu erkennen, die ihren Höhepunkt bei den Olympischen Spielen 1936 hatte.

Im Sommer ist man nicht ganz ungestört, besonders bei schönem Wetter tummeln sich hier jede Menge Wassersportler. Vorbei an der Gaststätte Schmetterlingshorst gelangt man bald zur Abzweigung Richtung Müggelturm.

Hier besteht die Möglichkeit, den Weg über die **Müggelberge** zum Teufelssee und dann zum Müggelsee zu wählen, den man etwa auf der Höhe des Restaurants Rübezahl erreicht. Auf den Müggelbergen sollte man sich die Mühe machen, den 1961 errichteten **Müggelturm** zu besteigen, um den schönen Rundblick zu genießen. Von oben reicht der

Café Liebig
Schönes Jugendstil-Kaffeehaus nahe der Fähre nach Wendenschloss

Regattastr. 158
12527 Berlin
www.cafeliebig.de

Strandbad Wendenschloss
Seebad mit Sandstrand, Bootsverleih und Biergarten

Möllhausenufer 30
12557 Berlin

Vom Müggelturm hat man einen herrlichen Rundumblick über Müggelberge und -see

Blick über Seen und Wälder bis zum Fernsehturm am Alexanderplatz. Am nahen **Teufelssee** bietet das Lehrkabinett naturinteressierten Kindern und Erwachsenen einen sehr informativen und sinnlichen Überblick über Flora und Fauna. Und gleich nebenan lockt der Große Müggelsee, an dessen Ufer es bis nach Friedrichshagen geht.

Man kann natürlich auch weiterhin auf dem Uferweg am Langen See bleiben, der Richtung Osten immer beschaulicher wird. Die Zahl der ihn überall säumenden schönen alten Stieleichen wird größer, die der Wassersportler kleiner.

Man passiert eine sehr schöne Badestelle mit Sandstrand und Liegewiese, die überwiegend von FKK-Anhängern genutzt wird. Kurz danach sieht man eine Insel, den Großen Rohrwall, und eine Landzunge ragt in den See. Hier bietet sich die Möglichkeit, auf einem ruhigen Waldweg direkt nach **Müggelheim** zu laufen.

Weiter am See entlang erreicht man die Landzunge Krampenburg mit einem Dauercampingplatz, vor dem man zum ausgeschilderten Uferweg an die Große Krampe abbiegen sollte. Auch auf diesem schönen und sehr ruhigen Weg kommt man nach Müggelheim. Am Dorfanger liegt die Haltestelle des Busses zum S-Bahnhof Köpenick.

Wanderung: 11 km

Start: S-Bhf. Grünau
S46, S8, S85 alle 8–20 Min.

Ziel: S-Bhf. Friedrichshagen
S3 alle 10 Min.

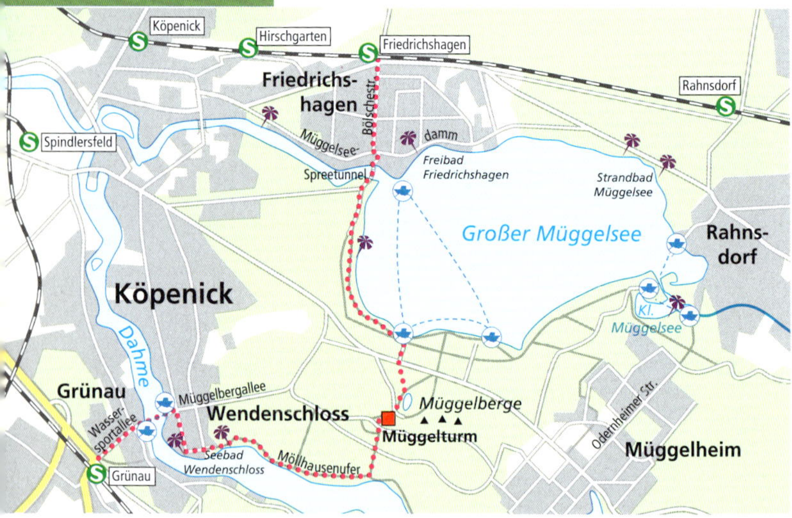

Mitten durch den Forst zum Grunewaldturm

16

Grunewald

Der Grunewald, mit 40 Quadratkilometern der größte Berliner Forst, bietet mit seinen Seen, Reit- und Wanderwegen sowie dem grün-verwilderten, aus Trümmerschutt des Zweiten Weltkriegs aufgehäuften Teufelsberg vielfältige Ausflugsmöglichkeiten.

Besonders reizvoll ist eine Tour quer durch den urwüchsigen westlichen **Grunewald** zu den sandigen Ufern der Havel.

Vom S-Bahnhof Grunewald geht es in westlicher Richtung unter der Avus – einst als Automobil-Verkehrs- und Übungsstraße die älteste deutsche Autorennstrecke – hindurch. Über den Parkplatz an der Eichkampstraße hinweg taucht man in den Mischwald ein. Hier beginnt der breite, leicht ansteigende Schildhornweg. An der Försterei vorbei wird er bald zu einer von Kastanien gesäumten Allee. Nach etwa 1,5 Kilometern schaut man links in eine ehemalige **Sandgrube**, die heute ein Naturidyll ist: Die Sandberge und Grundwassertümpel sind für Kinder ein Abenteuergelände, die umliegenden Wiesen bieten sich zum Familienpicknick an.

Wenige Schritte weiter auf dem Schildhornweg sieht man den **Teufelssee** aus einer kleinen Senke heraufschimmern – er lädt im Sommer zum Baden, der Wiesenhang davor zum Sonnen ein. FKK bestimmt das Bild. Rechts neben dem Teufelssee ragt zwischen den Bäumen ein schlanker Backsteinturm auf, das Wahrzeichen des Naturschutzzentrums **Ökowerk**. Es entstand 1985 auf dem Gelände des ältesten in Berlin noch erhaltenen Wasserwerks. Auf eigene Faust, in Workshops oder bei geführten (Rad-)Wanderungen kann man hier etwas über Umweltfragen, Heilkräuter sowie über die Geschichte des Wasserwerks und das kostbare Nass selbst erfahren.

Weithin sichtbar sind die einst von den US-Amerikanern militärisch genutzten weißen Radartürme auf dem nordöstlich vom Teufelssee gelegenen 115 Meter hohen **Teufelsberg**. Von hier oben wurden, unter den markanten Radarkuppeln verborgen, Funksignale aus dem Osten abgefangen, abgehört und manchmal gestört. Nach dem Ende des Kalten Kriegs 1989 verfiel die Anlage mehr und mehr. Heute werden die teils maroden Gebäude von Künstlern genutzt und können im Rahmen von Führungen

Naturschutzzentrum Ökowerk e. V.
Hier erfährt man spielerisch viel Spannendes über das Leben im Wald. Im Bistro gibt es Leckereien aus Bio-Produkten.

Teufelsseechaussee 22–24
14193 Berlin
www.oekowerk.de

Der Grunewaldturm ragt 55 Meter hoch über den Grunewald hinaus

besucht werden. Das benachbarte Plateau wird von Drachenliebhabern genutzt, die ein buntes Treiben am Himmel veranstalten. Auch Gleitschirmflieger kann man den Hang hinunterschweben sehen. Im Winter finden sich hier hervorragende Schlittenabfahrten.

Vom Teufelssee geht es weiter Richtung Westen. Nach einer Wegkreuzung führt bald halblinks ein breiter Weg tief in den Grunewald hinein. An weiteren Kreuzungen und Gabelungen finden sich immer wieder Wegweiser zum Grunewaldturm, sodass man sich kaum verlaufen kann.

Bevor das Havelufer in Sichtweite kommt, wird es erst einmal hügelig und man muss einige kleinere Steigungen hinauf auf den Karlsberg bewältigen. Doch die Mühe lohnt. Nach dem Überqueren der Havelchaussee steht man schließlich vor dem aus rotem Backstein errichteten **Grunewaldturm**, erbaut 1899 zu Ehren des ersten Deutschen Kaisers Wilhelm I. Von der Aussichtsplattform in 36 Meter Höhe hat man einen überwältigenden Rundblick über Fluss, Wald und die Stadt im Osten. Am Fuß des Turms liegt der Kaisergarten, ein Biergarten mit herrlichem Blick hinunter zur Havel.

Kaisergarten am Grunewaldturm
Biergarten mit Havelblick, Brezeln, Bratwurst, Flammkuchen.

Havelchaussee 61
14193 Berlin

Waldspaziergang: ca. 6 km
Start: S-Bhf. Grunewald
S7 alle 10 Min.
Ziel: Grunewaldturm
Bus 218

Hundekehle und Fischerhütte

17

Grunewaldseen

Nur wenige Wegminuten vom Bahnhof Grunewald entfernt erstreckt sich ein kleines Paradies aus Seen. Gesäumt wird diese malerische Wasserlandschaft von Waldstücken, Villenvierteln und einem Jagdschloss.

Gleis 17? Wohl noch ein altes Schild, denkt man sich, wenn man durch den Tunnel zum Ostausgang des Bahnhofs Grunewald schlendert. Stimmt. Es ist ein Hinweisschild zum **Mahnmal** am Gleis 17. Von hier aus wurden von 1941–1945 über 50 000 Berliner Jüdinnen und Juden in Konzentrations- und Vernichtungslager deportiert. Die in den Bahnsteig eingelassenen Eisenplatten geben nüchtern darüber Auskunft, wann und wohin wie viele Menschen deportiert worden sind. Außen am Bahnhofsgebäude führt linker Hand noch eine Rampe zum Gleis hinauf. Eine Betonmauer mit schemenhaften Einlassungen erinnert an das Schicksal dieser Menschen. Auf dem Bahnhofsvorplatz steht eine Bücherbox-Telefonzelle. In der öffentlichen Straßenbibliothek gibt es auch Literatur zum Mahnmal Gleis 17. Immer wieder finden hier Lesungen und Veranstaltungen statt.

Ein kleiner Weg parallel zu den Gleisen führt am Supermarkt vorbei, dann biegt man rechts in die Auerbachstraße. Wer durch den Auerbachtunnel geht und nach ca. 500 Metern links einbiegt, kann noch einen Abstecher zum Waldmuseum der Waldschule Grunewald machen. Für alle anderen führt die Route zunächst am Tennisstadion vorbei hinunter zum **Hundekehlesee**. Die prächtigen Villen an seinem Ostufer zeigen deutlich, dass hier das reiche Berlin zu Hause ist.

Folgt man der Königsallee ein Stück links, geht bald rechts der gut ausgebaute Wanderweg zum **Grunewaldsee** ab. Hier ist am Wochenende einiges los. Seitdem die anderen Seen für frei laufende Hunde gesperrt sind, kommt es hier umso mehr zu mannigfachen Begegnungen zwischen den Vierpfotern. Vom Westuferweg (rechts) erspäht man am anderen Ufer das weiß getünchte **Jagdschloss Grunewald**, einen Renaissancebau, der Anfang des 18. Jahrhunderts barock umgebaut wurde.

Diese älteste erhaltene Hohenzollernresidenz Berlins hat auch ein wenig mit Hunden zu tun. Denn von Kurfürsten bis zu Kaisern vergnügte sich hier der Hof mit Parforcejagden (par force = mit Gewalt): Eine Hundemeute hetzt das Wild bis zur totalen Erschöpfung, sodass die Jäger das gestellte Tier am Ende leicht erlegen können. Damals wurden ganze Wälder mit großzügigen Schneisen für die

Jagdschloss Grunewald
Der älteste erhaltene Schlossbau Berlins liegt mitten im Grunewald. Im Hauptgebäude wird eine hochkarätige Sammlung von Cranach-Bildern gezeigt. Im Schlosshof lädt ein Bistro-Café zum Verweilen ein.

Hüttenweg 100
14193 Berlin
www.spsg.de

Sonntagsvergnügen am Schlachtensee

schnellen Parforce-Ritte angelegt. Parforcejagden sind in Deutschland mittlerweile verboten.

Im Jagdmuseum im Schlossbau können Jagdfans Handfeuerwaffen und Radschlossgewehre aus dem 16. bis 18. Jahrhundert besichtigen. Bekannter ist die Gemäldegalerie im Schloss: Nachdem das Gebäude den Zweiten Weltkrieg unbeschadet überstanden hatte, wurde es 1949 wiedereröffnet – als erstes öffentlich zugängliches Kunstmuseum im Nachkriegsberlin. Zwar waren einige Gemälde von sowjetischer Seite – sagen wir – „konfisziert" worden, doch durch die Auslagerung von Gemälden aus Stadtschloss und Schloss Monbijou wuchs die Sammlung im Grunewald auf 200 Bilder an, darunter Werke der beiden Cranachs und einiger niederländischer Maler. Besonders sehenswert ist der zufriedene Gesichtsausdruck einer Frau mit dem Kopf eines Mannes in der Hand. „Judith mit dem Kopf des Holofernes" wurde von Lucas Cranach dem Älteren 1530 gemalt.

Wer von seinem Renaissance-Barock-Schock verschnaufen muss, möge sich ins Forsthaus Paulsborn begeben, einen wilhelminischen Bau am Südzipfel des Sees. Das Hotel-Restaurant serviert unter dem Namen „12 Apostoli am Grunewaldsee" feine italienische Speisen.

Forsthaus Paulsborn
Idyllischer Biergarten, Gasthaus und Hotel am Grunewaldsee

Hüttenweg 90
14193 Berlin
www.12-apostoli.de/grunewald

Am Parkplatz hält man sich links und steigt kurz vor der Brücke rechts hinab zum Naturschutzgebiet Langes Luch (etwas besser ausgebaut und kürzer ist der Weg kurz nach der Brücke). Vor einem liegt der schönste Abschnitt des Ausflugs: Der Pfad schlängelt sich durch modernde Holzbestände, vorbei an duftenden Pflanzen und zwitschernden Vögeln. Hier kann man tief durchatmen und das hektische Großstadttreiben vergessen.

Der Weg führt über die Onkel-Tom-Straße hinweg weiter in das nächste Naturschutzgebiet, das **Riemeisterfenn**. Schon liegt die **Krumme Lanke** vor einem, auf deren Westufer (rechts) nachmittags lange die Sonne steht und sich malerisch auf der Wasseroberfläche spiegelt.

Über das rechte oder linke Ufer gelangt man an der Südspitze der Krummen Lanke über die Treppe zum größten Gewässer der Seenkette, dem **Schlachtensee**. Früher waren die eiszeitlichen Grunewaldseen vom Grundwasser gespeist. Durch starke Entnahme zu Beginn des 20. Jahrhunderts fielen die Wasserpegel, bis die Berliner Wasserbetriebe 1913 begannen, gereinigtes Havelwasser in die Seen zu pumpen. So füllen sie zugleich das Grundwasser auf, aus dem das Berliner Trinkwasser kommt.

Zehlendorfs ältestes Café „Fischerhütte" liegt direkt am See. Wer nun schon zurück möchte, sollte am Ostufer spazieren und nach ca. 1,5 Kilometern die breite Treppe hoch zum S-Bahnhof Schlachtensee nehmen. Wer noch das gesamte Seepanorama genießen möchte, wähle den Westuferweg rechts. Hier weht eine steife Brise und es bietet sich ein.

Fischerhütte am Schlachtensee
Biergarten und Restaurant, saisonale Küche, brunchen im Liegestuhl am See

Fischerhüttenstr. 136
14163 Berlin
www.fischerhuette-berlin.de

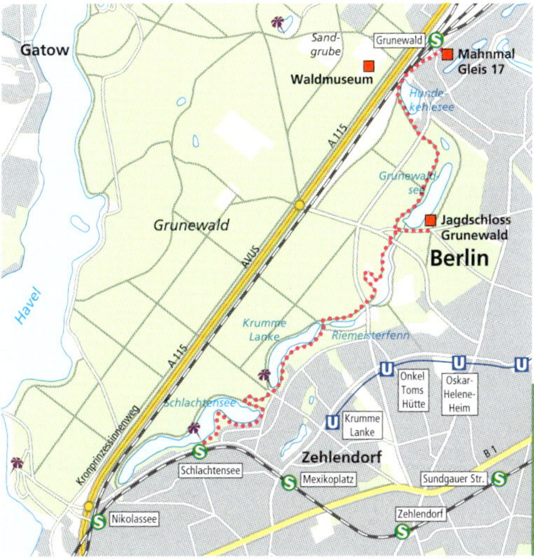

Wanderung: ca. 10 km

Start: S-Bhf. Grunewald
S7 alle 10 Min.

Ziel: S-Bhf. Schlachtensee
S1 alle 10 Min.

Pack die Badehose ein

18

Havelstrände

Vom Bahnhof Nikolassee aus kann man prima die Havel entlangwandern, um die perfekte Badestelle zu finden. Wer Lust auf Trubel und gastronomische Angebote hat, bleibt gleich im Strandbad Wannsee. Alle, die sich nach versteckten Buchten sehnen, werden weiter nördlich fündig. Dabei sollte man einen kleinen Abstecher auf die Insel Schwanenwerder nicht verpassen!

Strandbad Wannsee
Das legendäre Strandbad hat 1,3 Kilometer feinen Sandstrand und alles, was Wasserratten brauchen

Wannseebadweg 25
14129 Berlin

Bahnhof Nikolassee – von hier sind es 800 Meter bis zum berühmten Strandbad Wannsee. Und wer es weniger trubelig mag, lässt das Strandbad einfach links liegen und sucht sich seinen Traumstrand an der Havel. Vorbei am AvusTreff an der Spinner-Brücke, wo sich bei gutem Wetter hunderte von Berliner Bikern treffen, geht es über den Wannseebadweg zum „Berliner Lido". Im Sommer verkehren Pendelbusse zwischen Bahnhof und Strandbad.

Die erste öffentliche Badestelle gab es an dem langen und flachen Strand schon 1907. Bald erfreute sich die Badeanstalt großer Beliebtheit. Allerdings galten im kaiserlichen Deutschland noch strenge Reglements für die Badenden: Eine züchtige Badebekleidung war obligatorisch und am Strand waren Männer-, Frauen- und Familienabschnitte mit Holzzäunen voneinander getrennt.

Das heutige Strandbad mit dem markanten rotgelben Eingangsgebäude wurde 1929/30 gebaut. Hauptanziehungspunkt ist der weit über einen Kilometer lange und bis zu 80 Meter breite Strand. Es ist tatsächlich ein wenig wie an der Adria: Über die ganze Länge des Strands zieht sich die Promenade mit dem dahinter liegenden Hauptgebäude. Imbissstände, Snackbars und Restaurants locken mit vielfältigen Angeboten von Eiscreme über Pizza und Currywurst bis hin zu vegetarischen Speisen. Auch gehobene Gastronomie hat das **Strandbad Wannsee** zu bieten. In einer Ladenpassage kann man sich mit Sonnencreme, Badetüchern und Lesestoff versorgen. Wasserrutschen und Sprungbretter sind nur einige der Attraktionen am Strand. So ist es denn kein Wunder, dass an heißen Sommertagen bis zu 20 000 Menschen ins größte Binnenbad Europas kommen. Eine Badehose müssen die Badegäste heute allerdings nicht mehr unbedingt einpacken: im Wannseebad gibt es einen abgeteilten FKK-Bereich.

Wer es ruhiger mag, der sollte auf dem Wannseebadweg weiter Richtung Havelufer spazieren oder radeln. Am Ende des Fahrwegs führt eine Brücke,

Oben: Die Lieper Bucht bietet mehrere Bademöglichkeiten
Unten: Das Bootshaus von Schwanenwerder

von der man einen herrlichen Blick auf die Havel hat, zur Insel **Schwanenwerder**. Ihren klangvollen Namen erhielt sie erst 1901 auf ausdrücklichen Wunsch ihres damaligen Besitzers, des Lampenfabrikanten Wilhelm Wessel. Zuvor hieß sie märkisch schlicht „Sandwerder“.

Die kleine Insel ist ein ruhiger Ort: Herrschaftliche Villen in großen Gärten zeugen davon. Die 1 400 Meter lange, von Eichen gesäumte Inselstraße führt in einer Schleife über das Eiland. Etwa 200 Meter nach der Inselbrücke erreicht man den einzigen öffentlichen Aussichtspunkt. Neben dem schönen Ausblick auf die Havel kann man hier auch ein Fragment des Tuilerien-Schlosses aus Paris bewundern, das bei den Kommuneaufständen 1871 zerstört wurde. Der Gründer der Villenkolonie hatte das Ruinenteil erworben und auf der Insel aufstellen lassen.

Badeausflug oder Wanderung: 16 km

Start: S-Bhf. Nikolassee S1, S7 alle 10 Min.

Ziel: S-Bhf. Pichelsberg S5 alle 10 Min.

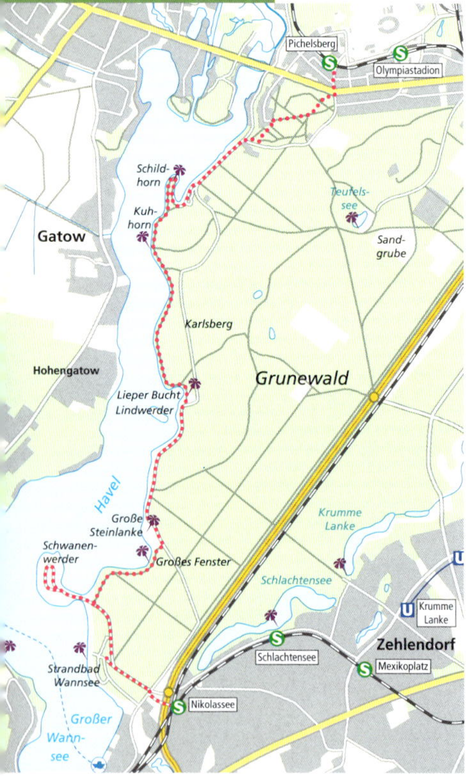

Zurück auf dem Festland führt nördlich der Schwanenwerderbrücke ein anfangs etwas sandiger Weg an der Havel entlang, vorbei an schönen Strandabschnitten. Allen, die abseits vom Wannseebadtrubel baden möchten und trotzdem Sandstrand und Urlaubsstimmung lieben, sei diese Seite der Havel empfohlen.

Nach wenigen hundert Metern gelangt man schon zur Badestelle am **Großen Fenster**. Der Strand verteilt sich hier auf mehrere Abschnitte, der nördliche Teil ist etwas breiter. Bäume bieten an vielen Stellen Schatten, Schilf raschelt idyllisch an den Rändern. An der **Steinlanke** ist der längste Strand der Unterhavel. An der **Lieper Bucht** teilt man sich den Strand oft mit Enten und Schwänen und hat Ausblick auf die winzige Insel Lindwerder. Auch unterhalb des Grunewaldturms (► Seite 72) und weiter nördlich finden sich schöne Strände.

Pfaueninsel und Moorlake

19

Wannsee

Auf dieser Tour kommen sowohl Naturfreunde und -freundinnen als auch Geschichtsinteressierte und Kulturbegeisterte auf ihre Kosten. Vom S-Bahnhof Wannsee aus geht es an der Liebermann-Villa und dem Haus der Wannseekonferenz zur Pfaueninsel, die mit ihrem Schloss im Ruinenstil verzaubert. Wieder auf dem Festland kann man im alten Gasthaus Moorlake einkehren.

Vom S-Bahnhof Wannsee geht es zunächst links bis zur Königsstraße und über die Königsbrücke. Nach einigen hundert Metern zweigt rechts die ruhige Straße Am Großen Wannsee ab. Sie führt parallel zum Großen Wannsee vorbei an Villen in bester Lage – Seeblick inklusive.

Der seit 1920 bestehende Ortsteil Wannsee ist aus der „Colonie Alsen“ hervorgegangen: Mitte des 19. Jahrhunderts entwarf der Gartenbaudirektor Gustav Meyer die Villenkolonie auf Initiative des Bankiers Wilhelm Conrad. Dieser verkaufte Grundstücke an wohlhabende Bürger, Industrielle, Künstler, Bankiers und Verleger. Bald wurden ein Elektrizitäts- und ein Wasserwerk gebaut und die Stadtlinie der Berliner Bahn bis Wannsee erweitert. Unter den Nationalsozialisten wurden viele Besitzer enteignet oder flohen ins Exil, die Häuser dienten als NS-Dienststellen. Nach dem Krieg zogen Segelvereine in einige der Villen, andere wurden abgerissen und es entstanden neue Wohnhäuser.

An der kleinen Stichstraße Colomierstraße, die zum See führt, liegt das von Paul Baumgarten entworfene ehemalige **Sommerhaus des Malers Max Liebermann**. Das 1909 erbaute „Schloss am See“ wurde mitsamt seiner Gartenanlagen liebevoll rekonstruiert. Es beherbergt heute ein Museum zu Leben und Werk des Künstlers, der die Blütenpracht des Gartens in über 200 Gemälden festhielt. Einige davon kann man hier bewundern. Max Liebermann starb am 8. Februar 1935. So musste er nicht mehr miterleben, wie seine Witwe 1940 von den Nazis gezwungen wurde, das Haus an die Reichspost zu verkaufen. Kurz vor ihrer drohenden Deportation nahm sie sich 1943 das Leben.

Weiter auf der Straße Am Großen Wannsee erreicht man bald die ebenfalls von Paul Baumgarten entworfene ehemalige Villa Marlier, bekannt als **Haus der Wannsee-Konferenz**. Hier wurde 1942 von den Nationalsozialisten als sogenannnte „Endlösung der Judenfrage“ der Völkermord an den europäischen Juden beschlossen. Die sehenswerte Ausstellung informiert über die Hintergründe und Folgen der Konferenz.

Hinter dem Haus der Wannsee-Konferenz biegt bald rechts ein Weg zum Löwendenkmal und zur Schiffsanlegestelle Heckeshorn ab. Der **Flensburger**

Liebermann-Villa
Ein Traum von Kunst und Natur: Im ehemaligen Sommerhaus von Max Liebermann am Wannsee findet beides zusammen

Colomierstr. 3
14109 Berlin
www.liebermann-villa.de

Haus der Wannsee-Konferenz
Eine eindrucksvolle Ausstellung dokumentiert die Beschlüsse zur Ermordung der europäischen Juden, die hier von Nazifunktionären gefasst wurden

Am Großen Wannsee 56/58
14109 Berlin
www.ghwk.de

Berlins verspieltestes Eiland: Die Pfaueninsel hat etwas Märchenhaftes

Löwe wurde ursprünglich vom Bildhauer Herman Wilhelm Bissen zur Feier eines dänischen Sieges über Schleswig-Holstein geschaffen und kam 1864 nach Berlin. Zehn Jahre später ließ Wilhelm Conrad eine Zinkkopie gießen, die seit 1938 hier steht. Beim Löwen beginnt auch der ca. 4 Kilometer lange Uferweg, der zur Pfaueninsel führt und hier zunächst noch Haveleck heißt. Wunderbare Ausblicke auf Havel und Wannsee sind garantiert. Vorbei am Kleinen und Großen Tiefenhorn taucht bald die Pfaueninsel in der Havel auf. Doch es dauert noch eine Weile bis zu der Stelle, an der die Fähre ablegt, um die ca. 50 Meter bis zur Insel zurückzulegen.

Die **Pfaueninsel** gehört schon zur berühmten Potsdam-Glienicker Gartenlandschaft. Seinen Namen hat das pittoreske Eiland, das unter Naturschutz steht, von den rund 60 bunt gefiederten Großvögeln, die hier leben. Ende des 18. Jahrhunderts wurden hier erstmals Pfauen ausgesetzt – vorher hieß die Insel Kaninchenwerder.

Hauptattraktion ist das Schloss im Ruinenstil, das Friedrich-Wilhelm II. 1794–97 von Johann Gottfried Brendel für seine Geliebte Wilhelmine Enke am Westufer bauen ließ. An dem Bau fällt besonders die gusseiserne Brücke auf, die die beiden markanten Rundtürme in einiger Höhe miteinander verbindet. Die Fassade ist mit Eichenbrettern verschalt, die eine Steinfassade vortäuschen. Die Innenräume des Schlosses sind noch weitgehend original eingerichtet. Derzeit wird das Schloss saniert und ist von einem Gerüst umgeben, es kann voraussichtlich erst ab 2025 wieder besichtigt werden.

Fähre zur Pfaueninsel
März/Okt. tgl. 9–18,
Apr./Sep. 9–19,
Mai–Aug. 9–20 Uhr

Bei einem Spaziergang über die Insel gibt es einiges zu entdecken: ruinenartige Gebäude nach dem Geschmack der Romantik, den Luisentempel, das Kavaliershaus und einen Wasservogelteich. Fontänen und Kübelpflanzen wechseln mit wildnishaften Abschnitten, in denen mächtige alte Eichen das Bild bestimmen. Auf der Picknickwiese gibt es, sobald es wärmer wird, einen Imbiss. Weder Fahrräder noch Hunde sind auf der Pfaueninsel erlaubt und es besteht Rauchverbot.

Zurück auf dem Festland geht es weiter an der Havel entlang oder schräg den Weg hinauf zum historischen **Blockhaus Nikolskoe**. Ebenfalls im russischen Stil steht daneben die Kirche **St. Peter und Paul**, deren Glockenspiel zu jeder vollen Stunde erklingt. Auf der anderen Seite des Nikolskoer Wegs liegen das Forsthaus und der alte Friedhof.

Weiter am Ufer ist bald das **Wirtshaus Moorlake** erreicht. Auch dieses 1840 im bayrischen Stil gestaltete Haus wurde im Rahmen der Landschaftsgestaltung errichtet. Der Schinkel-Schüler Ludwig Persius war Erbauer des Hauses, das den preußischen Königen als Jagdhaus diente. Seit 1896 wird das Anwesen als Gasthaus genutzt. Von hier kann man weiter am Havelufer durch den Volkspark Klein-Glienicke (▶ Seite 86) bis zur Glienicker Brücke spazieren.

Blockhaus Nikolskoe
Großer Biergarten

Nikolskoer Weg 15
14109 Berlin
www.blockhaus-nikolskoe.de

Wirtshaus Moorlake
Regionale Spezialitäten sowie hausgemachte Kuchen und Torten

Moorlakeweg 6
14109 Berlin
www.moorlake.de

(Rad-)Wanderung: 14 km
Start: S-Bhf. Wannsee
Ziel: Haltestelle Glienicker Lake
Bus 316 alle 20–40 Min.

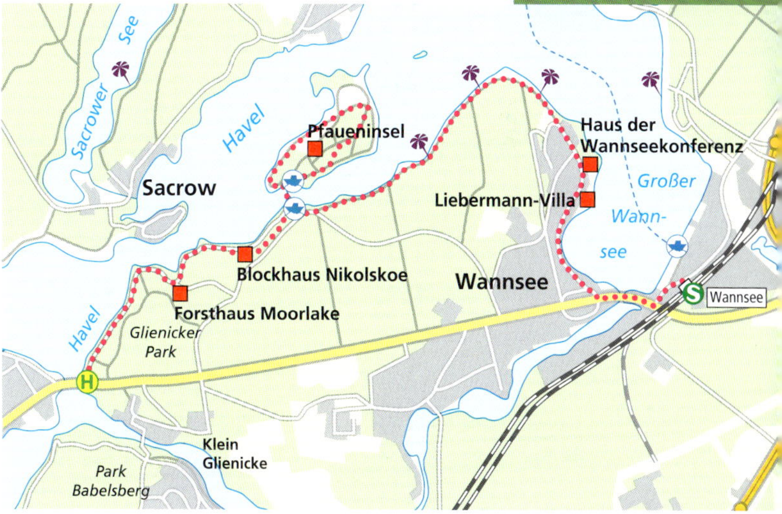

Preußens Arkadien

20

Glienicker Park

Wunderschöne Gartenkunst und ein Schloss im klassizistischen Stil: Der Glienicker Park verzaubert vor allem im Sommer seine Besucherinnen und Besucher. Hier lässt es sich wunderbar lustwandeln und an der Havel entlangspazieren. Wem der Sinn nach noch mehr Gärten und Parks steht, kann noch einen Abstecher zum Jagdschloss oder bis nach Babelsberg machen.

Wer wissen möchte, wie Arkadien ausgesehen haben mag, kann an der Havel einen Eindruck davon bekommen. Im **Glienicker Park** fühlt man sich an einem sonnigen Tag in das klassische Italien versetzt: Vor dem klassizistischen Hauptschloss (1825–27, Schinkel) an der Königstraße steht die imposante Löwenfontäne nach dem Vorbild eines Brunnens im Garten der Villa Medici in Rom.

Zwischen **Schloss Glienicke** und Havel geht es indes gepflegt englisch zu: Hier liegt der Pleasureground, ein Blumengarten mit kurz gehaltenen Rasenflächen und geharkten Wegen. Vom Säulenrondell mit dem schönen Namen „Große Neugierde" (1835–37, Schinkel / Persius) kurz vor der Glienicker Brücke hat man einen idealen Überblick über die Havellandschaft und wird eingeladen, sie näher zu erkunden.

Am Ufer lockt schon das nächste Bauwerk, das ebenfalls von Schinkel entworfene, klassizistische **Casino** (1824). Sein Pergolengang verbindet harmonisch Gebäude, Park und Wasser miteinander. Und so geht es weiter: Der weitläufige Park bietet immer wieder Überraschungen, kleine Lauben mit Steinbänken und Skulpturen. Besonders eindrucksvoll ist die Teufelsbrücke von Ludwig Persius, die in Havelnähe über eine künstliche Schlucht führt. Weiter am Havelufer entlang gelangt man oberhalb eines Steilhanges zum Krughorn (und weiter Richtung Gasthaus Moorlake, Nikolskoe und Pfaueninsel ► Seite 84). Der Blick schweift zum Neuen Garten und zum Pfingstberg, zur Heilandskirche in Sacrow (► Seite 154) am gegenüberliegenden Ufer, zur Pfaueninsel und bis zum Babelsberger Park. Von diesem Glienicker Höhenweg erkennt man besonders gut, wie kunstvoll hier Gewässer, Gärten und Bauwerke zusammengefügt wurden. Der Gestalter dieser romantischen Parklandschaft, Preußens berühmter Gartenkünstler Peter Joseph Lenné (1789–1866), sah die Havel „als einen See mit einem großen Park". Doch der Eindruck einer natürlichen Landschaft

Restaurant Schloss Glienicke und Remise
Feinschmeckerrestaurant, im Sommer mit schöner Außenterrasse

Königstr. 36
14109 Berlin
www.schloss-glienicke.de

Wie ein Spaziergang durch das klassische Italien: Schloss Glienicke und der zugehörige Park

ist Ergebnis sorgfältiger Planung – von 1833 datiert Lennés „Verschönerungs-Plan der Umgebung von Potsdam“. Das antike Traumland Arkadien war das Ideal, nach dem Lenné seine Parks entlang der Havel schuf, häufig in Zusammenarbeit mit Karl Friedrich Schinkel.

Jüngere Geschichte wurde an der **Glienicker Brücke** geschrieben. Während der Teilung Deutschlands hieß die eindrucksvolle Stahlkonstruktion „Brücke der Einheit“ – zynisch, denn auf ihr verlief die innerdeutsche Grenze. In den 1960er-Jahren verhalfen spektakuläre Agentenaustausche der Brücke zu Weltbekanntheit. Heute treffen hier in aller Stille die Bundesländer Berlin und Brandenburg aufeinander.

Südlich der Königstraße liegt das **Jagdschloss Glienicke** mit seinem Park. Auch hier hat Lenné, zusammen mit Prinz Carl von Preußen, ab 1859 die Landschaft gestaltet. Wer jetzt noch nicht genug hat von den Parklandschaften des preußischen Arkadiens, kann vom Jagdschloss über das Dorf **Klein Glienicke** und die Parkbrücke in den Babelsberger Park gelangen (▶ Seite 157). Auf dem Weg dorthin darf man sich erneut wundern: In einem Tal stehen Häuser im Stil schweizerischer Alpenvillen – eine Idee von Prinz Carl, der ein wenig Schweizer Flair in die Mark zaubern wollte.

Spaziergang

Start und Ziel: S-Bhf. Wannsee
S1, S7 und Bus 316 alle 20–40 Min. bis Schloss Glienicke

Vom Eiskeller zur Bürgerablage

21

Spandau – Eiskeller

Von Spandau aus geht es ein gutes Stück auf dem Berliner Mauerweg entlang, der an der geschichtsträchtigen Siedlung Eiskeller vorbeiführt. Durch den schönen Mischwald des Spandauer Forstes fährt man in einer Rundtour an der schönen Badestelle Bürgerablage vorbei weiter bis in die Spandauer Altstadt.

Vom S-Bahnhof Spandau biegt man links in die Seegefelder Straße, um kurz darauf rechts in die Galenstraße einzubiegen. Nach ca. 300 Metern geht es links in den Grüngürtel.

Ab hier stören die Autos nicht mehr und es wird grün, denn der **Spektegrüngürtel** ist erreicht. Dieser zieht sich nun kilometerlang durch die Vororte von Spandau. Nach dem Überqueren der Industrie-Bahngleise ist man am **Spektesee** angekommen. Das Gewässer war ehemals ein Kiesteich, entstand 1984 und ist heute Teil eines großzügigen Naherholungsgebiets, auch Baden ist hier inzwischen erlaubt. Über schön angelegte Wege zwischen Wiesen und Baumpflanzungen geht es weiter, bald taucht links die Spektelake auf, ein weiteres Gewässer. Geradeaus überquert man die Falkenseer Chaussee, um bald danach rechts in den **Berliner Mauerweg** einzubiegen.

Dieser zieht sich ungewohnt hügelig durch den teils dichten Mischwald. Dort, wo die ersten Lichtungen auftauchen, ist es nicht mehr weit bis **Eiskeller,** das aus zwei Gründen berühmt ist: Zum einen liegt hier der kälteste Ort Berlins. Im Winter können die Temperaturen um bis zu 10 Grad unter denen im Stadtzentrum liegen. Zum anderen war Eiskeller während der Zeit der deutschen Teilung eine West-Berliner Exklave auf DDR-Gebiet. Die winzige

Im Eiskeller ist es immer etwas kühler als im übrigen Berlin

Ansiedlung war von Stacheldraht umgeben und nur über eine Straße, die von DDR-Grenzposten kontrolliert wurde, mit Westberlin verbunden. Eine Tafel am Wegesrand erzählt die außergewöhnliche Geschichte des Ortes. Die Kinder der wenigen Bewohner Eiskellers mussten jeden Tag auf dem Schulweg nach Spandau die Grenze passieren. Ein zwölfjähriger Junge erlangte dabei Berühmtheit. Er behauptete, Grenzsoldaten hätten ihn auf dem Weg nach Spandau festgehalten und somit am Schulbesuch gehindert. Der Vorfall führte zu ernsten deutsch-deutschen Verwicklungen und der Junge wurde sogar mit britischen Panzerspähwagen über die Grenze begleitet. Erst 20 Jahre später gab er zu, diese Geschichte erfunden zu haben – er hatte einfach die Schule geschwänzt. Heute ist Eiskeller wieder das, was es schon vor 1961 war: eine kleine, abgelegene Siedlung mit Gehöften, Feldern und Wiesen drumherum.

Weiter geht es auf dem Berliner Mauerweg, parallel zum linker Hand liegenden Nieder Neuendorfer Kanal. An der Schönwalder Allee biegt man rechts ein. Nach ca. 300 Metern geht es am Abzweig wieder links, immer noch auf dem Mauerweg. Dieser verläuft hier auf einem idyllischen Waldweg, vorbei am stillen **Laßzinssee**, durch den Spandauer Forst.

Nach weiteren 4 Kilometern überquert man die Niederneuendorfer Allee und schlängelt sich auf dem Mauerweg durch den geheimnisvoll dunklen Nadelwald. Am Ende des Weges versinkt man (fast) im märkischen Sand, nämlich dem der Badestelle **Bürgerablage** an der Havel. Der Ort heißt übrigens nicht so, weil dort Bürger am Strand liegen, sondern weil an dieser Havelbucht Flößer seit 1762 Nutzholz ablegen durften. Die Kosten für die Ablage gingen an eine eigens eingerichtete Spandauer Bürgerkasse.

Direkt an der Bürgerablage steht auch das Ausflugslokal Jagdhaus, das unter anderem hervorragenden Apfelkuchen bietet. Gut gestärkt kann es also entlang der Havel Richtung Spandauer Altstadt weitergehen. Vorbei an der leeren Fläche, auf der einst das Kraftwerk Oberhavel stand, fährt man in Sichtweite des breiten Stroms gen Süden.

Ab der Anlegestelle der Fähre nach Valentinswerder ist man wieder ganz im städtischen Bereich. Statt direkt an der Havel entlang fährt man nun zunächst durch Kleingärten. Über die Werderstraße und die Goltzstraße geht es vorbei an Gewerbeflächen bis zum Maselake-Kanal, an dem man links abbiegt. Ist der Stichkanal überquert, folgt man ab der Straße Am Wasserbogen dem Havelseenweg. Hier ist seit Mitte der 1990er-Jahre die Wasserstadt Spandau entstanden. Wo früher Industrie- und Hafenanlagen waren, wurden Wohnhäuser, Parks und Promenaden gebaut. Mittlerweile führt auch ein kompletter Rundweg um den Spandauer See. Immer nahe an der Havel radelnd, erreicht man bald die **Spandauer Altstadt**.

Jagdhaus Spandau
Restaurant und Biergarten an der Bürgerablage. Traditionelle Gerichte werden modern interpretiert – von Gänsekeule bis Lebkuchenmus.

Niederneuendorfer Allee 80
13587 Berlin
www.jagdhaus-berlin.de

Radtour: 26 km
Start und Ziel: S-Bhf. Spandau
S3, S9 alle 10 Min.
oder U-Bhf. Rathaus Spandau
U7 alle 5–10 Min.

Ab ins Umland

Mit der S-Bahn gelangt man schnell und unkompliziert auch etwas weiter raus und kann die Großstadt ganz hinter sich lassen. Dann lockt zum Beispiel das idyllische Briesetal oder das Seengebiet rund um Strausberg. Wer mag, kann in Potsdam durch Schlösser und Gärten wandeln oder in Rüdersdorf Natur und Technik hautnah erleben.

Seepromenade am Zeuthener See

Landschaftliches Kleinod

22

Birkenwerder

Das reizvollste Bachtal in der Berliner Umgebung liegt gleich hinter Birkenwerder: Das Briesetal, ein 16 Kilometer langes Fließ, ist mit seiner facettenreichen Pflanzen- und Tierwelt zu jeder Jahreszeit ein Erlebnis. Wer mag, kann an der Briese entlang bis nach Zühlsdorf wandern und auf dem Weg in einen urigen Waldimbiss einkehren.

Am Ausgang des S-Bahnhofs Birkenwerder weisen Tafeln den Weg: Zum **Briesetal** geht es gleich rechts über die mit Bäumen gesäumte Straße „An der Bahn“ oberhalb der Gleise. Wer zuvor an einem historisch-kulturellen Abstecher interessiert ist, sollte auf Höhe des alten Bahnhofsgebäudes die **Rote Brücke** beachten.

Diese 1925 eingeweihte Stahlkonstruktion, deren Name vom ursprünglichen Anstrich mit Bleimennige herrührt, ist eine Fußgängerbrücke zum östlich der Schienen gelegenen Ortsteil. Sie führt in gerader Linie in die Summter Straße zur **Clara-Zetkin-Gedenkstätte**, in der auch die Gemeindebibliothek untergebracht ist. Die sozialistische Frauenrechtlerin lebte hier von 1929–1932.

Weiter auf dem Weg ins Briesetal zeigen an der Bahnunterführung gleich zwei Wegweiser nach Briese: Am besten nimmt man die Route links über die westlichen Ausläufer des Briesetals, vorbei am Boddensee und dem gleichnamigen Restaurant.

Der **Boddensee** gehört bereits zum ortsinneren Briesetal, das Birkenwerder seinen besonderen Reiz verleiht. Der Fußweg am Nordufer des Sees gabelt sich nach 500 Metern in zwei alternative Wege durch Bruchwald und über die Briese zum Wensickendorfer Weg. Dort angekommen, wendet man sich nach rechts, überquert die Autobahn, lässt eine Eisenbahnunterführung hinter sich und taucht in ein idyllisches Waldgebiet ein: Etwa 500 Meter nach dem Waldfriedhof zweigt rechts ein Weg ab, der zum spektakulären **Briesetaler Steig** führt. Der Bohlenweg schlängelt sich eindrucksvoll durch einen Erlenbruchwald ins Innere des Briesetals. Vom Ende des Briesetaler Steigs führt links ein Waldweg zur kleinen Ansiedlung Briese. Dort angekommen, kann man sich im Sommerhalbjahr an Wochenenden in einem urigen Biergarten stärken. Oder sich in der **Waldschule** über die Besonderheiten des Briesetals informieren. Schräg gegenüber liegt ein Klettergarten für die kleineren Kinder, der **Mini Monkey Kletterwald**.

In **Briese** muss man sich entscheiden: Entweder man belässt es bei der kurzen Stippvisite ins Briesetal, oder man macht sich auf die längere, sehr lohnende Wanderung durch das ganze Tal bis ins gut 8 Kilometer entfernte Zühlsdorf.

Waldimbiss Briesekrug
Uriger Biergarten am Waldrand, auf der überschaubaren Speisekarte stehen neben Currywurst und Fritten auch Halloumi-Burger im Brioche und Cupcakes. Geöffnet Freitag bis Sonntag und feiertags.

Briese 4
16547 Birkenwerder
www.briesekrug.de

Oben: Im Garten der Gedenkstätte weiß Clara Zetkin Rat
Unten: Im Briesetal helfen Brücken übers Bachtal

Für letztere folgt man den Wegweisern zur Waldschule und wandert an dieser vorbei in den Wald. Nach gut zwei Kilometern ist die **Hubertusbrücke** mit einer Hütte und einem Rastplatz erreicht. Hier kann man, muss aber nicht, die Seite des Flüsschens wechseln. Nach weiteren zwei Kilometern überquert man an der Schlagbrücke die Landstraße von Lehnitz nach Summt. Jetzt sind es noch 1,5 Kilometer bis zur **Alten Försterei Wensickendorf**. Das ehemalige Forsthaus liegt 300 Meter vom Bachlauf entfernt auf der nördlichen Seite der Briese und ist heute ein Bauernhof. An Wochenenden und Feiertagen bietet Familie Weiß leckere Kleinigkeiten wie Kaffee und selbst gebackenen Kuchen oder auch Rührei von den Hühnern des Hofs an.

Von der Alten Försterei geht es in einiger Entfernung vom Flusslauf weiter. Nachdem die Landstraße Wensickendorf – Summt überquert ist, erreicht man bald die **Zühlsdorfer Mühle**, eine alte Sägemühle, die idyllisch an der Briese liegt. Über die Mühlenstraße gelangt man nach einem weiteren Kilometer nach **Zühlsdorf**. An der Dorfstraße lohnt ein Abstecher rechts zur alten Dorfkirche. Links in die Dorfstraße eingebogen erreicht man über die bald rechter Hand abzweigende Bahnhofstraße den Bahnhof, von wo stündlich ein Zug nach Berlin Karow fährt.

Wanderung: 13 km
Start: S-Bhf. Birkenwerder
S1, S8 alle 20 Min.
Ziel: Bhf. Zühlsdorf
RB 27 alle 60 Min.

Zwischen T.U.R.M. und Eden

23

Oranienburg

Für einen Ausflug nach Oranienburg gibt es viele Gründe, zum Beispiel eine Vegetarier-Kolonie und ein restauriertes Oranier-Schloss. Eindrucksvoll sind die Gedenkstätte und das Museum Sachsenhausen.

Am Bahnhof muss man sich erst einmal entscheiden: Richtung Westen ins Stadtzentrum mit dem Schloss, nach Süden zum Erlebnisbad T.U.R.M. oder Richtung Nordost zu Gedenkstätte und Museum Sachsenhausen.

Unbedingt zu empfehlen ist der Spaziergang in den Stadtkern, denn hier erinnert einiges an die brandenburgisch-preußische Geschichte. Und an Holland: Denn Oranienburg, das bis 1653 Bötzow hieß, verdankt seinen Namen einer holländischen Prinzessin: Louise Henriette von Nassau-Oranien, Gattin des Großen Kurfürsten. Ihr zu Ehren ließ der märkische Landesherr ein Wasserschloss errichten, die barocke Schlossanlage Oranienburg. Die rührige Holländerin war ein Glücksfall für den Ort und das Land: Sie holte Siedler aus ihrer Heimat in die Mark, die ihr Wissen über Deichbau, Handwerk und Landwirtschaft sowie einen Hauch holländischer Lebensart mitbrachten.

Vom S-Bahnhof aus führt der Weg über Willy-Brandt-Straße, Lehnitzstraße und Louise-Henriette-Steg in den ältesten Teil der Stadt zur **St. Nikolaikirche**, deren Turm weithin sichtbar die Häuser der Altstadt überragt. Erbaut wurde sie im Stil einer frühchristlichen Basilika.

Gleich in der Nähe steht an der Havelstraße das Waisenhaus, gestiftet 1665 von Louise Henriette. Auf dem Weg zum nördlich gelegenen Schloss, dessen strahlend helle Fassade schon von Weitem ins Auge sticht, kommt man in der Breiten Straße am Amtshauptmannshaus vorbei. Der Frühbarockbau ist das älteste Gebäude der Stadt, es wurde 1657 für den Leiter der kurfürstlichen Verwaltung errichtet. Gleich dahinter erhebt sich das strahlend weiße **Schloss Oranienburg**, erbaut 1651, erweitert und prachtvoll umgebaut ab 1689. Heute sind in dem fürstlichen Gebäude das Schloss-Museum und das Regionalmuseum Oberhavel untergebracht. Während das eine Einblick in die Schätzes des Schlosses, darunter neben dem historischen In-

Schlosspark Oranienburg
Apr.–Okt. 9–20 Uhr,
Nov.–März 10–16 Uhr

Schloss-Museum
Sehenswerte Ausstellungen mit Kunstwerken aus der Zeit der preußischen Fürsten

Schlossplatz 1
16515 Oranienburg

terieur auch Gemälde des großen Flamen van Dyck, gewährt, lädt das andere zur Zeitreise an der Havel ein. Im 19. Jahrhundert war der Oder-Havel-Kanal, an dem Oranienburg liegt, ein Hauptverkehrsweg für den Transport von Ton und Holz.

Gleich hinter dem Schloss beginnt der **Schlosspark**. Hier fand 2009 die Landesgartenschau statt. Seitdem präsentiert sich der weitläufige Park teils historisch, teils modern. Attraktionen sind unter anderem eine große Spiellandschaft, das „Gartenzimmer“ als Erlebnislandschaft und die Blumenhalle mit Café.

Nimmt man vom Schloss aus die südlich des Parks verlaufende Kanalstraße, stößt man nach ca. einem Kilometer auf den Oranienburger Kanal und überquert ihn. Von hier gelangt man zu Fuß in rund 20 Minuten (Richtung Süden) zu einem besonderen Ortsteil: **Eden**. 1893 von Berliner Vegetariern gegründet, war die Obstbaukolonie ein unabhängiges Gemeinwesen mit eigenen Regeln. Heute können Besucher sich eine Ausstellung zur Geschichte Edens ansehen.

Weit jenseits von Eden, im nordöstlich gelegenen Stadtteil **Sachsenhausen**, errichteten die Nazis 1933 das erste Konzentrationslager Deutschlands. Über 200 000 Häftlinge waren hier interniert, darunter

Die St. Nikolaikirche liegt im ältesten Teil der Stadt

Carl von Ossietzky, Herausgeber der Zeitschrift „Die Weltbühne", und Pastor Martin Niemöller vom christlichen Widerstand. Auf dem KZ-Gelände befinden sich heute eine eindrucksvolle **Gedenkstätte** und ein **Museum.**

Wer Entspannung braucht, ist im **Spaß- und Erlebnisbad T.U.R.M.** richtig (10 Minuten Fußweg vom S-Bahnhof). Von Schwimmbad mit Riesenrutsche und Saunalandschaft bis zu Bowling und Fitness reicht das Angebot.

Wer jetzt noch Lust auf einen schönen Spaziergang am Wasser hat, wird gleich um die Ecke am **Lehnitzsee** fündig. Vorbei am Oranienburger Hafen und Oranienburger Strand gelangt man auf einen schönen Uferweg, der fast um den ganzen See herum zum Villenvorort Lehnitz führt. Durch den See führt der Schifffahrtsweg des Oder-Havel-Kanals – das erklärt die vielen Freizeitkapitäne, die besonders am Wochenende mit ihren Booten durch das Gewässer schippern. Auf halber Strecke hat man an der Bundestraße Blick auf den Kanal und das Treiben an der Lehnitzer Schleuse.

Auf der Lehnitzer Seite des Sees passiert man bald die Badestelle Weißer Sand, bevor der Uferweg sich in den teils sandigen Wohnstraßen des hübschen Ortes verliert.

Gedenkstätte und Museum Sachsenhausen
Lagermuseum, Archiv, Bibliothek, Führungen über das Gelände

Str. der Nationen 22
16515 Oranienburg
www.sachsenhausen-sbg.de
15 Min. Fußweg ab Bahnhof oder Bus 804, 821

Stadtausflug

Start und Ziel: S-Bhf. Oranienburg
S1 alle 20 Min.

Tiere, Spaß und Dinos

24

Freizeitpark Germendorf

Dinosaurier in Originalgröße, lebende Tiere zum Streicheln, Badestrände und jede Menge Spielmöglichkeiten: Der Freizeitpark in Germendorf ist ein Paradies für Kinder. Und auch Erwachsene kommen auf ihre Kosten.

Besonders für Familien ist der Ausflugsort ideal. Und trotz der großen Beliebtheit ist selbst im Sommer noch genügend Platz auf dem riesigen Gelände. Voll sind dann vor allem die Parkplätze am Freizeitpark. Dabei kann man auch mit den Öffentlichen nach Germendorf gelangen: Der Bus fährt werktags alle 20 Minuten ab S-Bahnhof Oranienburg, am Wochenende allerdings nur alle 60 Minuten. Dafür gibt es im Sommerhalbjahr an Samstagen, Sonntagen und Feiertagen den Bus 823, der direkt vor den Toren des Freizeitparks hält. Für Familien mit etwas größeren Kindern empfiehlt sich als Alternative eine kleine Radtour auf dem akzeptablen Rad- und Fußweg, der von Oranienburg bis zum Gelände führt.

Hat man die Kassenschlange hinter sich gelassen, kommt man an der **Mäusebude** vorbei: Wenn sich die kleinen Nager nicht gerade verstecken, kann man verschiedene Mäusearten in Aktion bewundern. Bald darauf steht rechts am Weg ein Mammut in Originalgröße. Doch dies ist nur ein Vorgeschmack auf das große **Urzeitgelände**, das im südwestlichen Teil des Parks liegt. Dort warten modellierte Riesensaurier und andere Urzeittiere, die von Kindern bestaunt werden. Auch Neandertaler samt Höhle und einen Vulkan zum Besteigen gibt es hier. Um hierhin zu gelangen, durchquert man erst einmal

Freizeit- und Tierpark
Viel Platz und Spaß für die ganze Familie

An den Waldseen 1a
16515 Germendorf
www.freizeitpark-germendorf.de

Oben: Ganz schön groß so ein Mammut
Unten: Blauer Riesenvogel im Damwildgehege

das **Tiergehege,** das in einem Wäldchen liegt. Hier leben einheimische Nutz- und Wildtiere, aber auch Exoten wie Pumas, Kängurus, Lamas und Zebus. Affen fehlen ebenso wenig wie die heimlichen Stars des Tierparks: die Erdmännchen. Vorbei an Rehen, Wildschweinen, Ziegen, bunten Vögeln und anderen Tieren erreicht man schließlich die Lichtung mit den Dinos und dem Vulkan. Letzterer beginnt zu rauchen, wenn jemand einen Euro in den entsprechenden Schlitz auf der Aussichtsplattform wirft.

Beliebt ist auch der **Kletterberg** im Dinopark. Allerdings landen Kinder ziemlich hart auf Kieselsteinen, wenn sie runterpurzeln. Mehrere Badestellen laden im Sommer zur Erfrischung im kühlen Nass ein. Besonders beliebt als Abkühlung bei kleineren Kindern ist der flache Sandstrand neben dem Kletterberg im Dinoland. Für die kalte Jahreszeit und Regentage gibt es sogar eine beheizte **Indoor-Spielhalle.**

Verschiedene Buden im Freizeitpark bieten vor allem Würstchen, Pommes, Eis, Bier und Limo an. Tipp: Man darf Essen und Trinken mitbringen und es sich an Picknick-Plätzen gemütlich machen.

Freizeitpark
Start und Ziel: S-Bhf. Oranienburg
S1 alle 20 Min. und Bus 824 (alle 20 Min.) nach Germendorf, Dorfstraße und zu Fuß weiter (ca. 20 Min.)
oder Radtour (6 km)

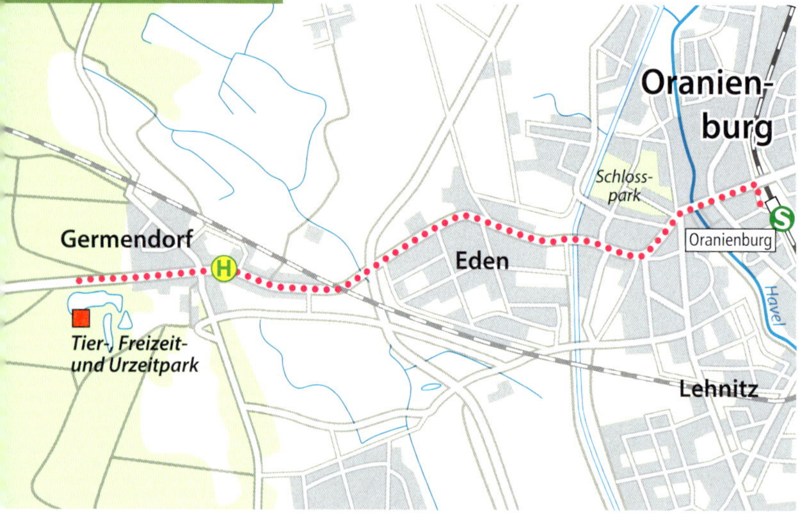

CENK
8
10

Mit dem Rad zum Liepnitzsee

25

Bernau – Liepnitzsee

Ein gut ausgebauter Radweg führt vom S-Bahnhof Bernau zu einem der schönsten Badeseen in der Umgebung Berlins. Am Wegesrand liegt ein bedeutendes Denkmal der Bauhaus-Architektur. Wer es sportlich mag, kann den See umrunden und dem Radweg zurück nach Bernau folgen. Alternativ bringt einen die Regionalbahn von Wandlitz zurück nach Berlin.

Schon am Bahnhof stehen Hinweistafeln zu den Radwegen rund um Bernau. Der Weg zum Liepnitzsee ist mit R1 beschildert. Doch zunächst lohnt der Blick in die Altstadt von Bernau, die größtenteils von einer Stadtmauer umgeben ist. Am Steintor gelangt man hinein. Vorbei am Bernauer Marktplatz und der Kirche St. Marien geht es über die Mühlenstraße aus dem alten Stadtkern heraus. Kurz hinter der Stadtmauer passiert man das St. Georgenhospital. 1328 von der Tuchmachergilde gestiftet, wurde es 1432 von den Hussiten niedergebrannt und noch im 15. Jahrhundert wieder aufgebaut.

Außerhalb Bernaus verläuft der Radweg zunächst parallel zur Landstraße, die erst Oranienburger Straße, dann Wandlitzer Chaussee heißt. Nach ca. 5 Kilometern weist ein Schild zum **Bauhausdenkmal**: Die ehemalige Bundesschule des Allgemeinen Deutschen Gewerkschaftsbundes, gebaut ab 1928 nach Plänen des Dessauer Bauhausdirektors Hannes Meyer. Es entstand ein lichtdurchflutetes Tagungszentrum, das sich harmonisch in das hügelige Gelände am Waldrand einpasst. Mit dem Beginn des Dritten Reichs wurde sie eine Reichsführerschule, später wurden hier Beamte von SS und Gestapo ausgebildet. Mit dem Kriegsende fiel das Gebäude wieder an den Gewerkschaftsbund zurück, der sich bald FDGB nannte. Heute ist das Gebäude originalgetreu

Baudenkmal Bundesschule
Tagungszentrum im Bauhausstil. Besichtigung von außen jederzeit möglich, innen nur mit Führung.

Hannes-Meyer-Campus 9
16321 Bernau bei Berlin
www.bauhaus-denkmal-bernau.de

Oben: Durch das Steintor gelangt man in die Bernauer Altstadt
Unten: Neben dem Strandbad gibt es am Liepnitzsee etliche weitere Badestellen

restauriert. Gleich neben der Gewerkschaftsschule liegt ein Freibad, erreichbar über das Gelände des Bauhausdenkmals.

Der Radwanderweg verläuft weiter parallel zur Landstraße, bis er sich nach 2 Kilometern davon entfernt, eine Bundesstraße unterquert und direkt in den lauschigen Buchenwald eintaucht. Bald schimmert in einem Taleinschnitt die Wasserfläche des Liepnitzsees durch die Bäume. Nun teilt sich der Weg. Gut ausgeschildert ist die Route zum Waldbad **Liepnitzsee.** Zur Anlegestelle der Fähre zur Insel Großer Werder, dem Ziel vieler Badebegeisterter, hält man sich rechts. So oder so kann man den Liepnitzsee auf Waldwegen ganz umrunden. Die Fähre verbindet den Großen Werder mit dem Süd- und Nordufer des Liepnitzsees. Fahrräder können mitgenommen werden.

Vom Nordufer des Sees fährt man auf einem Asphaltweg in Richtung Ützdorf. In dem winzigen Weiler kann man im rustikalen „Jägerheim" eine Rast einlegen. Von Ützdorf führt der Weg mit dem blauen Balken wieder zurück in den Wald, um den Liepnitzsee herum und auf den Radweg R1 nach Bernau. Alternativ kann man vom Liepnitzsee (Höhe Waldbad) auch den ausgeschilderten Weg ins 3 Kilometer entfernte Wandlitz nehmen.

Radtour: 20 km

Start: S-Bhf. Bernau
S2 alle 20 Min.

Ziel: Bhf. Wandlitz
RB 27 ca. alle 60 Min.

Klare Seen und tiefe Wälder

26

Wandlitz

Die Fahrt mit der ehemaligen Heidekrautbahn ist eine gemütliche Reise heraus aus der Stadt und hinein in ein schönes altes Dorf. Für alle Badelustigen gibt es hier außerdem reichlich Gelegenheit, sich ins kühle Nass zu stürzen. Wer mag, kann vor der Rückfahrt noch einen Abstecher zur Waldsiedlung machen, wo früher die Politprominenz der DDR wohnte.

Der Zug vom S-Bahnhof Karow nach Wandlitz zieht gemächlich an Wiesen und Wäldern vorbei. Seit 1901 kommt die Bahn nach Wandlitz und seitdem kommen auch die Berlinerinnen und Berliner in die reizvolle Gegend mit den klaren Seen und dichten Buchenwäldern.

Es empfiehlt sich, zunächst einen Spaziergang durch das alte Dorf zu machen, dann zum Wandlitzsee zu laufen und schließlich den idyllischen Liepnitzsee zu umrunden, vielleicht mit einem Abstecher zur Waldsiedlung. Also aussteigen am Bahnhof Wandlitz. Der Siedlungsname **Wandlitz** kommt ursprünglich aus dem Slawischen und bedeutet „Menschen, die am Wasser leben". Von diesem nassen Element gibt es wahrlich genug und in schönster Form rund um Wandlitz. Das zog vermutlich auch die ersten slawischen Bewohnerinnen und Bewohner hierher, sie lebten von 600 bis 1200 n. Chr. am Ufer des Sees, bevor sich deutsche Siedlerinnen und Siedler im 13. Jahrhundert hier niederließen. Das Dorf Wandlitz hat sich viel von seinem bäuerlichen Charakter bewahrt. Dazu gehören nicht nur der Dorfanger und die Dorfkirche, die ihren Ursprung im 13. Jahrhundert haben, sondern auch das Agrarmuseum im **Barnim Panorama.** Ein Rundgang durch die 2000 Quadratmeter große Sammlung vermittelt viel Interessantes und Wissenswertes aus der Regionalgeschichte der letzten 200 Jahre.

In Sichtweite des gleichnamigen Sees geht es weiter zum Ortsteil **Wandlitzsee.** Hier sieht es ganz anders aus: Am Nordufer des großen Gewässers sind seit Beginn des 20. Jahrhunderts zahlreiche Villen und Landhäuser entstanden. 1926 wurde das große Seebad (heute Strandbad Wandlitzsee) eröffnet, unmittelbar gegenüber dem Bahnhof, der ebenfalls damals entstand. Der sehenswerte Bau von dem Berliner Architekten Wilhelm Wagner im Stil der Neuen Sachlichkeit wurde aufwendig rekonstruiert und strahlt heute wieder in seiner ganzen Schönheit.

Nordwestlich vom Bahnhof führt ein Weg an der Villenkolonie „Heilige Drei Pfühle" von 1907

Hotel & Restaurant Jägerheim Ützdorf
Frische Fischgerichte und Wildspezialitäten

Wandlitzer Str. 12
16348 Lanke-Ützdorf
www.hotel-am-liepnitzsee.de

Oben: Die kleine Fähre Frieda verkehrt zur Insel Großer Werder im Liepnitzsee
Unten: Der Wandlitzsee ist auch für Surfer interessant

vorbei in Richtung Ützdorf und zum **Liepnitzsee**. Der ganz vom Wald umgebene See bietet an vielen Stellen Gelegenheit zu einem Sprung ins wunderbar klare Wasser. Vom großen Parkplatz am Nordufer verkehrt sogar eine Fähre zu der im See gelegenen Insel Großer Werder und weiter zum weniger belebten Südufer. Wer den See zu Fuß umrunden möchte, kann im winzigen Weiler Ützdorf einkehren. Dort sind rustikale Lokale auf Gäste eingestellt.

Unweit vom Südufer des Sees (Richtung Bernau) bietet sich noch Gelegenheit für einen Abstecher in einen besonderen Ortsteil von Wandlitz, die **Waldsiedlung**. Hier wohnte streng abgeschirmt hinter hohen Zäunen die Politprominenz der DDR. Die freistehenden Häuser mit zwei Etagen wirken eher bieder als luxuriös. Doch hatte man sich eine kleine Komfort-Siedlung geschaffen, mit eigenem Laden und Versorgungseinrichtungen aller Art. Heute hat sich auf dem weitläufigen Gelände die private Brandenburg-Klinik eingerichtet, man kann die Häuser der DDR-Führung aber von außen besichtigen.

Wer mit dem Fahrrad unterwegs und noch nicht zu erschöpft ist, kann vom Liepnitzsee den gut ausgebauten Radweg zum 10 Kilometer entfernten S-Bahnhof Bernau nehmen (► Seite 108). Zum Bahnhof Wandlitz sind es ca. 2 Kilometer.

(Rad-)Wanderung: 15 km
Start und Ziel: Bhf. Wandlitz
RB 27 alle 60 Min. ab S-Bhf. Berlin-Karow (S2)

Rund um den Straussee

27

Strausberg

Ob eine kurze Runde durch die hübsche Innenstadt, eine kleine Fährfahrt oder eine größere Tour um die nah gelegenen Seen: Für Radlerinnen und Wanderer wie auch für Wandermuffel gibt es rund um Strausberg schöne Ausflugsziele.

Um mit der zweiten Gruppe zu beginnen: Strausberg ist ein guter Tipp für alle, die mit kleinen Kindern im Kinderwagen oder zu Fuß unterwegs sind oder die aus anderen Gründen keine weiten Wanderungen machen wollen.

Vom S-Bahnhof Strausberg Stadt führt ein markierter Fußweg (grüner Strich) in knapp zehn Minuten in die Stadt und zur Fähre. Noch zentraler liegt die Haltestelle Lustgarten der Straßenbahn, die heute noch immer Strausberger Eisenbahn heißt. Denn als solche wurde sie 1893 gegründet, weil die Hauptlinie der Bahn zum Ärger der Bürgerinnen und Bürger nur die Vorstadt, nicht aber die 6 Kilometer entfernte eigentliche Stadt erreichte.

Ihren Namen hat die Stadt **Strausberg** übrigens nicht vom Vogel Strauß, obwohl man das vermuten könnte und sie ihn sogar im Wappen führt, sondern vom wendischen Wort struz. Struz bedeutet Schote und beschreibt anschaulich die Form des schmalen, lang gestreckten **Straussees.**

Das leicht erhöht über dem Ufer gelegene hübsche Städtchen ist auf einem kurzen Rundgang zu besichtigen. Da ist zunächst die dreischiffige frühgotische **Pfarrkirche St. Marien,** die einen Schnitzaltar (ca. 1520) beherbergt und deren Gewölbe mit Malereien ausgefüllt sind. Nahe der Kirche führt die Straße Fischerkietz in den gleichnamigen Ortsteil, der sich mit einer kleinen Promenade zum Straussee hin öffnet. Auch Reste der alten **Stadtmauer** aus dem 13. Jahrhundert mit einigen Wiekhäusern sind zu sehen. Wiekhäuser sind Mauertürme, die einstmals Wehrzwecken dienten. Außerdem sind noch das klassizistische Rathaus und einige renovierte alte Bürgerhäuser anzuschauen.

Wer im Städtchen bleiben möchte, findet zum Einkehren mehrere Cafés und Restaurants, auch mit Seeblick. Schnell erreichbare Abkühlung an heißen Tagen bot früher die Städtische Badeanstalt. Nach nur 5 Minuten Fußweg (von der Fähre aus links) steht man vor dem denkmalgeschützten restaurierten Holzgebäude von 1925. Leider musste das Freibad in den letzten Jahren aus Sicherheitsgründen geschlossen bleiben, weil der Wasserstand des Straussees zu niedrig war. Stattdessen kann man aber die Badestellen im nördlichen Teil des Straussees aufsuchen.

Freilich am See Strausberg
Modern interpretierte bayerische Spezialitäten im Biergarten am Straussee

Fichteplatz 1
15344 Strausberg
www.freilich.de

Oben: Die elektrische Seilfähre überquert den Straussee
Unten: Die Strausberger Stadtmauer umschließt große Teile der Altstadt

Stadtausflug oder (Rad-) Wanderung: 3–17 km

Start und Ziel: S-Bhf. Strausberg Stadt S5 alle 20 Min.

Links von der Fähre beginnt ein schöner Spazierweg rund um die Südhälfte des Sees bis zur jenseitigen Fähranlegestelle und danach weiter bis zum Lakeside-Hotel an der Nordspitze des Sees. Der Weg ist – wie auch der Zugang zur Fähre – für Rollstuhlfahrerinnen und Rollstuhlfahrer ausgebaut. Das kommt natürlich auch Eltern mit Kleinkindern oder Kinderwagen und Gehbehinderten zu Gute. Unterwegs gibt es zahlreiche Bänke und Aussichtspunkte.

Den Wanderlustigen sei der folgende Weg empfohlen: Mit der **Seilfähre** (die in Europa einzigartige, elektrisch betriebene Personen-Seilfähre ist seit 1894 in Betrieb) geht es über den Straussee und dann nach rechts (Markierung gelber Strich) etwa 4 Kilometer weit zur **Wesendahler Mühle**. Dort ist ein altes Mühlrad zu sehen. Am Fängersee führt der Weg, markiert durch einen gelben Punkt, nach gut 2 Kilometern zur **Neuen Spitzmühle** zwischen Fänger- und Bötzsee. Leider ist das Gasthaus seit längerer Zeit geschlossen. In der Nähe liegen Reste eines slawischen Burgwalls.

Der frühere Waldweg direkt von der Spitzmühle zur Fähre wurde inzwischen teilweise zur Straße ausgebaut und bietet mit knapp 3 Kilometern Länge zwar den kürzesten Rückweg, viel schöner aber ist es, weiter am **Bötzsee** und seinen Badestellen entlangzuwandern (Markierung blauer Strich/grüner Punkt).

Durch die Postbruchwiesen führt der Weg, insgesamt etwa 9 Kilometer lang, bis zur Altlandsberger Chaussee. Über die Garzauer und Rosa-Luxemburg-Straße erreicht man die Straßenbahnhaltestelle Schlagmühle und kann von hier mit der Tram zum Strausberger Bahnhof zurückfahren.

Technik und Natur hautnah

28

Rüdersdorf

Ein riesiger Kalksteinbruch und verlassene Baustofffabriken bilden heute die große Attraktion von Rüdersdorf: den Museumspark. Die verschiedenen Schauplätze erzählen eine mehrere Jahrhunderte alte Geschichte, während die Natur allmählich ihr Territorium zurückerobert.

Wer zum **Museumspark** nach **Rüdersdorf** will, nimmt vom S-Bahnhof Friedrichshagen aus die Straßenbahn. Man kann bei der Fahrt durch die Wälder und Wiesen sogar etwas Natur genießen. In Schöneiche an der Haltestelle Dorfstraße sollte man einen Blick auf das Depot der Schöneicher-Rüdersdorfer Straßenbahn werfen: Vielleicht erspäht man einen der Oldtimer, die dort gepflegt werden und die gelegentlich zum Einsatz kommen. Auch schöne Spaziergänge sind von hier aus möglich.

In Rüdersdorf ist die Fahrt an der Haltestelle Heinitzstraße zu Ende, von der man schnell zum „Museumspark Baustoffindustrie Rüdersdorf" gelangt. Dieser befindet sich am Rand des größten Kalksteinbruchs Mitteleuropas.

Besucher erwartet eine einzigartige Mischung aus Technikgeschichte, Geologie, Industrie und Natur – eine regelrechte Entdeckungsreise. Und eine neue Erkenntnis: Rüdersdorfer Kalkstein hat das Gesicht Berlins geprägt, unter anderem bestehen das Brandenburger Tor, der Berliner Dom, die Staatsoper, das Schauspielhaus und das Olympiastadion aus dem hellen Gestein des hiesigen Tagebaus. Seit ca. 750 Jahren wird der Kalkstein in Rüdersdorf mit den verschiedensten Methoden abgetragen. Diese kann man in einer Ausstellung und an den beeindruckenden Industriedenkmalen selbst nachvollziehen.

Museumspark Rüdersdorf
Über 750 Jahre wurde in Rüdersdorf Kalkstein abgebaut. Heute ist rund um die riesigen Gruben ein spannender Museumspark entstanden.

Heinitzstr. 41
15562 Rüdersdorf
www.museumspark.de

Mittagspause nahe des Rumfordofens

Vor der Tour ist ein Besuch der Ausstellung im Zementgebäude direkt am Eingang des Geländes sehr empfehlenswert, damit man mehr von dem versteht, was man später sieht. Ausführlich werden die Geschichte des Kalksteinabbaus und der -verarbeitung erläutert, ebenso wie die Lebensbedingungen der Arbeiter. Außerdem wird die Veränderung der Rüdersdorfer Landschaft als Folge des Tagebaus thematisiert und über die geologische Ausgangssituation informiert.

Anhand eines übersichtlichen Plans kann dann die Tour beginnen: zum imposanten Portal des Bülowkanals, zu den Rumfordöfen, die zu Beginn des 19. Jahrhunderts das Kalkbrennen revolutionierten, zur **Schachtofenbatterie** mit 18 Rumfordöfen in Serie, zum Seilscheibenpfeiler und zum Tagebau, an dessen Bruchkante man entlanglaufen kann. Auf dieser Tour findet man überall ausführliche Erläuterungen, sodass man schon einiges an Zeit dafür einplanen sollte. Immer wieder stößt man auf bedeutende Industriedenkmale, die erahnen lassen, welche gigantischen Ausmaße die Baustoffproduktion in Rüdersdorf einst hatte.

Nicht nur die Technik, auch die Natur kommt zu ihrem Recht: Sträucher und Bäume haben das Gelände zurückerobert und der alte Hafen am Mühlenfließ ist heute ein idyllischer Karpfenteich.

In Rüdersdorf selbst sind die Kalkwerke noch indirekt präsent: Das in den 1950er-Jahren erbaute Kulturhaus des Betriebs beherrscht unübersehbar die Kuppe des Hasenbergs. Mit seinen prächtigen Säulen ist es ein Paradebeispiel für den stalinistischen Zuckerbäckerstil.

Wer nach dieser Exkursion noch etwas Entspannung und Bewegung zugleich sucht, dem sei ein schöner Spaziergang am Kalksee entlang zur Woltersdorfer Schleuse empfohlen: Vom Bahnhof Museumspark wandert man auf der Straße der Jugend in Richtung Kulturhaus und verlässt diese, sobald sie nach links abzweigt. Folgt man der Hans-Striegelski- und der Bergstraße über den Kalkgraben, gelangt man zu einer Kreuzung, an der man rechts in die Rudolf-Breitscheid-Straße abbiegt. Kurz darauf führt die Karlstraße rechter Hand am Ostufer des Kalksees bis zur Woltersdorfer Schleuse (► Seite 124).

Auf dem Weg locken im Sommer Badestellen zum Sprung ins kühle Nass. An der Woltersdorfer Schleuse angekommen, warten einige Gaststätten mit Wasserblick. Ebenso wie die Straßenbahnlinie 87 mit ihren historischen Wagen, die Fahrgäste von hier zum S-Bahnhof Rahnsdorf bringt.

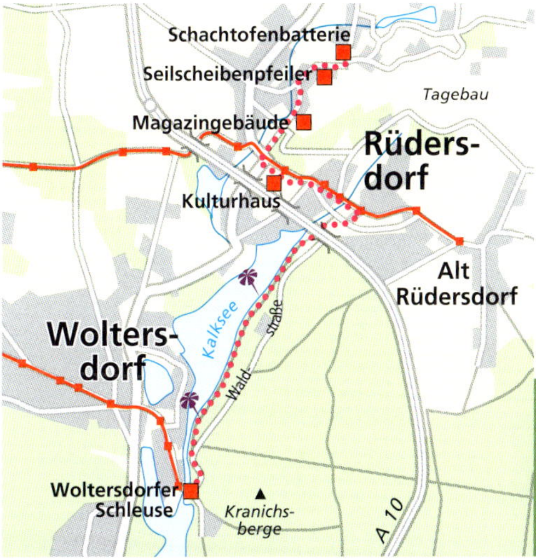

Wanderung: ca. 2–3 Std.

Start und Ziel: S-Bhf. Friedrichshagen
S3 alle 10 Min. und Tram 88 alle 20 Min. nach Rüdersdorf, Heinitzstr.

Hollywood am Kalksee

29

Woltersdorf

Gemütlich rumpelt die Straßenbahn durch den Wald und den Ortskern von Woltersdorf bis zur Schleuse. Von dort führen Waldwege hoch hinaus auf den Aussichtsturm der Kranichsberge. Dieser offenbart nicht nur einen schönen Ausblick, sondern auch ein kleines Stück Filmgeschichte.

Das idyllische Gebiet um die Woltersdorfer Schleuse erreicht man am besten mit der Tram vom S-Bahnhof Rahnsdorf. Für Großstadter ungewohnt fährt sie erst einmal 2 Kilometer durch den Wald, bevor sie das lang gestreckte **Woltersdorf** erreicht und mühsam die gelegentlichen Steigungen nimmt. Woltersdorf ist seit Ende des 19. Jahrhunderts ein bevorzugtes Ausflugsziel und Siedlungsgebiet für Berlinerinnen und Berliner. Die schöne Lage zwischen Wald, Seen und Hügeln zog auch Künstler an. In der Köpenicker Str. 46 (Tramhaltestelle Thälmannplatz) steht das Atelier des Jugenstilmalers Hugo Höppner (1888–1948), genannt Fidus, das er selbst entworfen hat. Obwohl der Künstler der nationalsozialistischen Rassenideologie zunächst kritisch gegenüberstand, versuchte er ab 1932 einen engen Kontakt zu Nazi-Eliten herzustellen, um von ihnen als Künstler akzeptiert und gefördert zu werden. Diese lehnten seine Kunst jedoch ab.

Die Tram rumpelt weiter durch die kurvenreiche Rudolf-Breitscheid-Straße im ältesten Teil von Woltersdorf. An der Endhaltestelle ist die in kräftigem Blau gehaltene **Woltersdorfer Schleuse** nicht zu übersehen. Sie liegt an der Verbindung zwischen Kalksee und Flakensee und ist das eigentliche Highlight von Woltersdorf. Neben der Klappbrücke für den Fahrzeugverkehr sorgt ein höherliegender Fußgängersteg dafür, dass man auch bei hochgezogener Brücke ungehindert auf die andere Seite kommt. Rund um die Schleuse gibt es einige Ausflugslokale.

Auf der gegenüberliegenden Seite der Schleuse steigen schon die waldigen Hügel des Barnim auf. Ein Wegweiser führt zur Liebesquelle, wo man sich erfrischen kann. In Stein gehauen steht dort geschrieben: „Aus märkischem Sand entspring ich hell als Labetrunk und Liebesquell“.

Derart gestärkt ist der Weg hoch auf die **Kranichsberge** (106 Meter) sicher kein Problem, zumal der Aussichtsturm oben einen wunderbaren Blick auf die umliegenden Seen und Wälder, bei guter

Restaurant Liebesquelle
Schöne Terrasse direkt am Wasser, Deutsche Küche

Brunnenstr. 2
15569 Woltersdorf
www.restaurant-liebesquelle.de

Oben: Promenade an der Woltersdorfer Schleuse
Unten: Sanddüne am Flakensee

Sicht sogar bis zu den Müggelbergen oder den Rauener Bergen bei Fürstenwalde gewährt. Im Turm erfährt man auch von einer fast vergessenen Episode aus der Geschichte Woltersdorfs: Hier wurden nach dem Ersten Weltkrieg diverse Monumentalfilme gedreht. Hier am Kalksee entstanden die Außenaufnahmen zu dem Achtteiler „Die Herrin der Welt“. Eine liebevoll zusammengestellte Ausstellung mit vielen Fotos erinnert an die kurze Geschichte der Filmstadt Woltersdorf.

An der Schleuse gibt es mehrere Möglichkeiten, die Tour fortzusetzen: zum Beispiel am Ostufer des Kalksees entlang nach Rüdersdorf (► Seite 120) und von dort mit der Tram zum S-Bahnhof Friedrichshagen. Wer im Sommer bei schönem Wetter hier ist, zieht aber wahrscheinlich den Weg nach Erkner am Ostufer des Flakensees vor. Hinter der Strandpromenade erreicht man nämlich schon nach kurzer Zeit eine Badestelle mit breitem Sandstrand.

Nach einer erfrischenden Abkühlung geht es dann auf einem schattigen Uferweg weiter, später entlang der Löcknitz, die hier in den Flakensee mündet. Nach knapp 3 Kilometern erreicht man am Löcknitzidyll den Ortsrand von Erkner (► Seite 128) und hat nur noch den Weg zum S-Bahnhof vor sich.

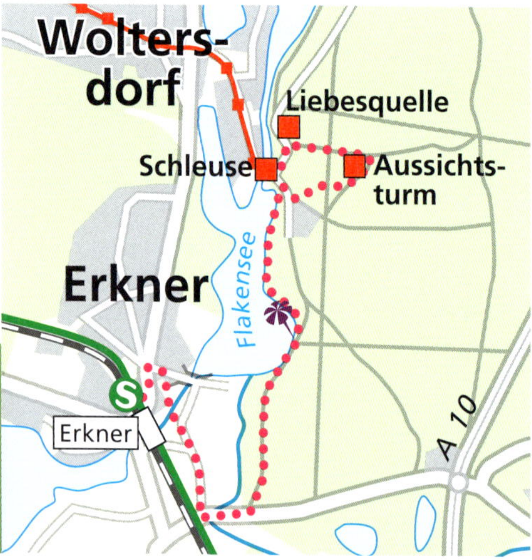

Wanderung: 6 km

Start: S-Bhf. Rahnsdorf
S3 alle 10–20 Min. und Tram 87 alle 20 Min. bis Woltersdorfer Schleuse

Ziel: S-Bhf. Erkner
S3 alle 10–20 Min.

RESTAURANT Liebesquelle

Wo der Schwarzspecht wohnt

30

Erkner

Diese Wanderung durch das romantische Löcknitztal ist genau das Richtige für Ruhe und Natur liebende Stadtbewohnerinnen und -bewohner. Auf kleinen Pfaden schlängelt sich der Weg durch das idyllische Feuchtgebiet. Wer die Augen offen hält, kann auf der Wanderung einige seltene Tiere erspähen.

Vom Bahnhof Erkner geht es über Bahnhof- und Friedrichstraße ins Zentrum von Erkner. Kurz vor dem Gerhart-Hauptmann-Museum biegt man links in die Fürstenwalder Straße ab. Die eigentliche Wanderung beginnt auf dem Parkplatz gegenüber dem Löcknitz-Idyll an der Straße nach Grünheide und ist gut ausgeschildert (Löcknitztalweg). Hinweisschilder weisen den Weg, der schon mal auf schmalem Pfad durch zugewachsenes Gebüsch verlaufen kann.

Entlang einer im Frühjahr und Sommer wunderschön blühenden Wiese, auf der man Wiesenorchideen finden kann, gelangt man zur Löcknitz. Dieser stellenweise etwas sumpfige Weg führt zu dem kleinen Wupatzsee, den es halb zu umrunden gilt. Ein breiter Schilfgürtel säumt seine Ufer und viele Seerosen bedecken seine Wasserfläche.

Auf einer Holzbrücke überquert man zunächst die Neue Löcknitz, um dann zur eigentlichen Löcknitz zu gelangen, die ebenfalls von einer Holzbrücke überspannt wird. Kurz nach der Brücke biegt man links in den breiten Oberförstereiweg ein, den man nach circa einem Kilometer wieder verlässt, um den schmalen Weg Richtung „Froschbrücke" zu nehmen. Überbrückt wird die Löcknitz hier nur von der Autobahn, während der Wanderweg am Ufer unter der Autobahnbrücke hindurch weiterverläuft. Zwei

Heimatmuseum Erkner Museumshof
Restauriertes Haus von 1758, Ausstellung über die Binnenkolonisierung Mitte des 18. Jahrhunderts

Heinrich-Heine-Str. 17–18 / Ecke Pfälzer Str.
15537 Erkner
www.heimatverein-erkner.de/heimatverein/heimatmuseum

Fütterungszeit im Hause der Schwarzspechtfamilie

steinerne Frösche stehen unter der Brücke auf jeder Flussseite. Sobald der Autolärm nachgelassen hat, befindet man sich in einer der reizvollsten Landschaften in der Umgebung Berlins, zu vergleichen vielleicht nur mit dem Spreewald. Die Pflanzen- und Tierwelt weisen ebenfalls Gemeinsamkeiten auf, auch hier gibt es zum Beispiel den seltenen Eisvogel und das Pfeilkraut. Entlang des Wegs kann man Schwarzspechte und Graureiher beobachten, nicht zu vergessen die vielen Arten von Schmetterlingen. Mit etwas Glück und wenn man den Ruf kennt, hört man auch einen Pirol.

Links schlängelt sich die Löcknitz durch feuchtes, sumpfiges Gebiet mit angrenzenden, von Erlen gesäumten Wiesen. Rechts sieht man viele Kiefern, manchmal auch Eichen und Buchen. Ist die Straße nach Gottesbrück überquert, entfernt sich der Weg vom Flusslauf und geht etwas oberhalb im Tal weiter. Jetzt geht es deutlich Auf und Ab. Für die größere Anstrengung wird man aber mit schönen Ausblicken auf das reizvolle Flusstal reichlich belohnt.

An der Straße nach Fangschleuse endet die Löcknitztalwanderung – wer mag, kann die Tour aber noch in verschiedene Richtungen verlängern. Der Fuß- und Radweg führt rechts weiter zum Bahnhof Fangschleuse, den man in kurzer Zeit erreicht.

Wanderung: 8 km

Start: Bhf. Erkner
S3 alle 10–20 Minuten,
RE 1 alle 20 Minuten

Ziel: Bhf. Fangschleuse
RE1 alle 20 Minuten

Wo einst Spione ausgebildet wurden, kann man heute am See lagern

Wo Spione lernten

31

Schmöckwitz

Den landschaftlich reizvollsten Weg nach Schmöckwitz nimmt die Straßenbahn, die seit 1911 hier verkehrt. Links der Lange See, rechts dichter Mischwald erreicht man das Dorf Schmöckwitz, das gerade noch zu Berlin gehört. Von dort lohnt eine Wanderung entlang des Seddinsees nach Gosen zu einem einst geheimen Ort.

Vom Bahnhofsvorplatz am S-Bahnhof Grünau fährt sie entlang des Langen Sees, vorbei am Strandbad und der Grünauer Regattastrecke. Auf der einen Seite der Lange See, auf der anderen der Berliner Stadtforst.

Die Endhaltestelle heißt **Alt-Schmöckwitz**. Der Blick fällt auf die Dorfkirche und zwei weitere Gebäude, die im gleichen historisierenden Stil errichtet sind: die alte Feuerwache, heute ein Bürgerzentrum, und das ehemalige Rathaus.

Das ehemalige Fischerdorf Schmöckwitz ist fast ganz von Wasser umgeben: Das erkennt man am besten von der Brücke an der Wernsdorfer Landstraße. Hier kann man einen herrlichen Blick auf den Langen See, die Große Krampe und den Seddinsee genießen. Hinter der Schmöckwitzer Brücke beginnt der Schmöckwitzer Werder – eine waldreiche Halbinsel. Gleich nach der Brücke zweigt links ein Treppenpfad durch üppiges Grün ab. Er führt zur Seddinpromenade, die sich am Seddinsee entlangzieht. Hier scheint ein wenig die Zeit stehengeblieben zu sein: Sommerhäuschen und Bootsunterstände sehen so unscheinbar und gleichzeitig heimelig aus wie zu DDR-Zeiten. Dazu passt auch das Restaurant „Strandlust", ein ausgemusterter Industrieschlepper, der als Kaffeekahn am Ufer liegt.

Eine schöne Wanderung oder kleine Radtour führt von hier nach Gosen am Seddinsee. Dazu nimmt man nun den Waldweg, der etwas waldeinwärts des Seddinsees verläuft. Nach gut einem Kilometer trifft man auf den **Oder-Spree-Kanal** und läuft rund weitere 1 000 Meter an diesem entlang, bis links eine Brücke über den Kanal Richtung Gosen führt. Man geht aber am anderen Kanalufer zunächst wieder zurück Richtung Seddinsee, doch nur bis zur ersten Abzweigung halb rechts. Dieser Weg führt nach weiteren 500 Metern wieder ans Seeufer, und zwar ungefähr an der Stelle, wo die Berliner Stadtgrenze verläuft. Von dort geht es ufernah durch Datschengebiet, bis unvermittelt eine große

Mitten im Dorf: die Kirche von Schmöckwitz

Lichtung mit Plattenbauten auftaucht. Der seltsame, etwas abgelegene Ort nennt sich heute **Bergpark** und hat eine besondere Geschichte, die man nur noch erahnen kann: Das Gelände wurde vom Ministerium für Staatssicherheit der DDR genutzt. Ab Juli 1988 wurden hier DDR-Spione für Einsätze im westlichen Ausland ausgebildet. Nur zwei Jahre später holte der Lauf der Geschichte die Stasi ein. Nach der Wende wurde erfolglos versucht, aus der ehemaligen Stasi-Liegenschaft in den Gosener Bergen ein Hotel- und Konferenzzentrum zu entwickeln. Seit 2007 wird das Areal Stück für Stück in ein Wohn-, Erholungs- und Bürozentrum umgebaut. Für die Naherholung sind eine Liegewiese am See, eine Skulpturen- und eine Streuobstwiese entstanden. Auch eine große Gaststätte gibt es.

Hügelanwärts und am Skulpturenpark vorbei erreicht man die Eichwalder Straße. Links herum geht es in den Ort **Gosen.** Von dort verkehren Busse Richtung Berlin. Rechts führt das kaum befahrene Sträßchen wieder zurück zur Brücke über den Oder-Spree-Kanal und damit Richtung Schmöckwitz.

(Rad-)Wanderung: ca. 11 km

Start und Ziel: S-Bhf. Grünau
Tram 68 nach Alt-Schmöckwitz alle 20 Min.

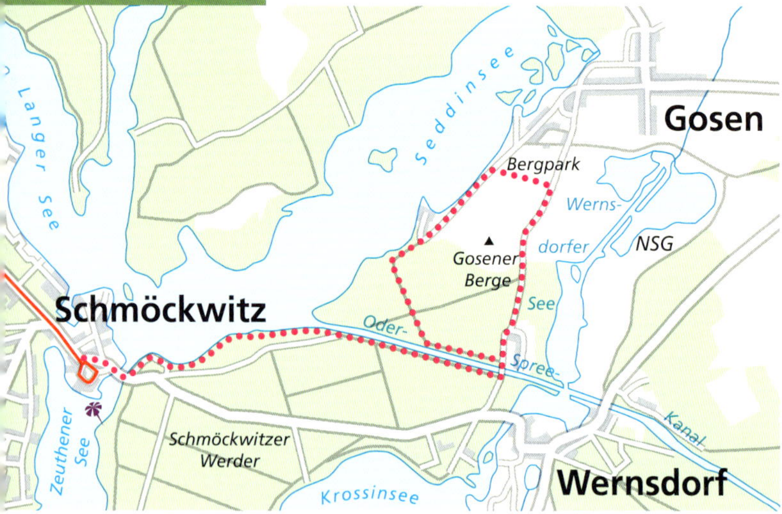

Villen am See

32

Eichwalde

Die Gemeinden Eichwalde und Zeuthen liegen südöstlich von Berlin in einem ausgedehnten Wald- und Seengebiet. Den Berlinern gelten sie seit Jahrzehnten als bevorzugte Wohnlage und als Ausflugsziele.

Im Jahr 1893 gegründet, ist **Eichwalde** die jüngste Gemeinde im Dahme-Seengebiet. Am Bahnhofsplatz prägen mehrgeschossige Häuser im Stil der Gründerzeit das Bild. Hier liegt auch das Zentrum von Eichwalde mit Geschäften und Gaststätten.

Der Spaziergang beginnt in der von Eichen gesäumten Bahnhofstraße. Bald passiert man das rekonstruierte Humboldt-Gymnasium. Es bildet ein architektonisches Ensemble mit der Alten Feuerwache, dem kulturellen Zentrum Eichwaldes. Wo die Bahnhofstraße endet, biegt man rechts in die Gosener Straße ein, die bald Godbersenstraße heißt. Sie führt schnurgerade durch ein Waldstück (das übrigens zu Berlin gehört). Am Ende des Waldstücks geht es erneut rechts in die Lindenstraße.

Ab jetzt bewegt man sich parallel zum **Zeuthener See**. Das fast vier Kilometer lange Gewässer ist Teil des Dahme-Seengebiets. Allerdings bekommt man vom Wasser zunächst wenig zu sehen. Denn zwischen Lindenstraße und See stehen respektable Ein- und Zweifamilienhäuser mit großzügigen Gärten. Und eigenem Seezugang, versteht sich. Hier müsste man wohnen! Doch auch als Spaziergänger bekommt man das Wasser bald zu Gesicht: an der **Eichwalder Badewiese**, einem idyllischen Fleckchen mit uralten Bäumen, Sandstrand und Spielplatz.

Chinesischer Garten
Eine Oase der Ruhe – hier ergänzen sich chinesische Gartenkunst und zeitgenössische Elemente

Seestr. 79a
15738 Zeuthen

Entspannung auf der Eichwalder Badewiese und auf der Zeuthener Promenade

Weiter auf der Lindenstraße überschreitet man die Stadtgrenze nach **Zeuthen**. Hier beginnt die Villensiedlung Seegarten – und die Gegend wird ein wenig vornehmer. Bald erreicht man die Uferpromenade. Hier liegen die neu gebauten Stadtvillen hinter dem Uferweg, sodass auch jeder Spaziergänger den Seeblick genießen kann. Wo der Weg am Ende der Promenade auf die Havellandstraße trifft, steht gegenüber die 1910 erbaute Hertzog-Villa – ein Schmuckstück mit Rokoko- und Neubarock-Elementen. Heute gehört sie der Dussmann-Gruppe, die sie als Gästehaus und Schulungszentrum nutzt.

Über die Niederlausitzstraße geht es zur Seestraße und vorbei an weiteren Villen. Gegenüber der Einmündung der Maxim-Gorki-Straße liegt links ein weiteres Kleinod: der kleine, öffentlich zugängliche **Chinesische Garten**.

Am Ende der Seestraße beginnt die Dorfaue von Zeuthen. Hier kann man noch erahnen, dass Zeuthen vor dem Bauboom nur ein winziges Fischerdorf im Dahme-Seengebiet war. Heute haben sich nahe der Dorfaue verschiedene Segelvereine niedergelassen. An der Platanenallee eröffnet sich ein letzter Blick auf den Zeuthener See. Zurück geht es über die Eichenallee, die Ahornallee und die Lindenallee zum S-Bahnhof Zeuthen.

Wanderung: ca. 7 km

Start: S-Bhf. Eichwalde S46, S8 alle 20 Min.

Ziel: S-Bhf. Zeuthen S46, S8 alle 20 Min.

Im Jagdrevier des Königs

33

Königs Wusterhausen

Es war „des Königs Wusterhausen". Der König, nach dem es 1734 benannt wurde, war der Soldatenkönig Friedrich Wilhelm I., der schon früh das dortige Schloss zu seinem Lieblingsaufenthalt erkor. Hier hielt er sein „Tabakskollegium" ab, frönte seiner Jagdleidenschaft und kultivierte seinen kargen Lebensstil.

Heute steht der zweigeschossige Renaissancebau mit Rundturm fast im Zentrum von „KW“, wie Einheimische ihr Städtchen gern nennen. Seit Oktober 2000 restauriert, ist das **Schloss Königs Wusterhausen** wieder als Museum geöffnet und eine der Hauptattraktionen der Stadt. Auch der Schlosspark ist mit seinen barocken Elementen wieder kunstvoll gestaltet worden. Zu finden ist das Schloss vom S-Bahnhof aus, indem man einfach den Wegweisern folgt – die ca. einen Kilometer lange Route führt überwiegend durch Grünanlagen.

Das äußere Zeichen einer weiteren Attraktion ist nicht zu übersehen: der 210 Meter hohe, rot-weiße Antennenmast auf dem heutigen Funkerberg am nördlichen Stadtrand. Vom Schloss aus biegt man in die Berliner Straße ein, von der bald die Straße Funkerberg abzweigt. Auf dem Weg zum Antennenmast kommt man links am Aussichtsturm vorbei, bevor man den **Funkerberg** erklimmt: Hier fand die Geburt des deutschen Rundfunks statt. Nach dem Ende der militärischen Nutzung der Funkstation ab 1916 wurde 1920 erstmals ein Weihnachtskonzert live auf Langwelle übertragen. Das war der Beginn der kulturellen Nutzung des Rundfunks. Allerdings durften diese erste Rundfunksendung nur offiziell genehmigte Stellen empfangen. Das zugehörige Museum kann man im Rahmen einer Führung besichtigen.

Nach so viel Kultur und Technik bietet sich ein Spaziergang zur Schleuse im Ortsteil Neue Mühle an. Dazu geht man den Funkerberg wieder hinunter und durch den Schlosspark zurück zum Bahnhof, wo man durch eine Unterführung zur Ostseite der Station gelangt. Von hier führt der von Gärten gesäumte Kirchsteig einen guten Kilometer durch ein beschauliches Wohngebiet, bis links die Tiergartenstraße direkt an der **Schleuse Neue Mühle** endet. Das heutige Bauwerk stammt in seinen Ursprüngen von 1868, doch existierte hier eine Schleuse bereits im 18. Jahrhundert, um den Bootsverkehr auf der Dahme zu erleichtern. Fußgänger haben eine erhöhte Brücke, von der aus sie das Treiben auf der Wasserstraße beobachten können. Auf der anderen Flussseite führt eine malerische Uferpromenade bis zum **Strandbad Neue Mühle am Krimnicksee**.

Von hier lohnt ein kurzer Abstecher nördlich zum Ortsteil Klein Venedig: Vor über 100 Jahren wurden die dortigen Tonseen und das umliegende Terrain zu einer Parklandschaft mit kleinen Teichen und Kanälen gestaltet. Bänke am Wasser laden zum Rasten ein. Wer das Gebiet vom Wasser aus erkunden möchte, kann im Strandbad ein Ruderboot ausleihen und sich auf Entdeckungsreise durch die schmalen Kanäle begeben.

Im Schloss hielt der König seine Jagdgesellschaften ab

Für den Rückweg von der Schleuse nach Königs Wusterhausen sollte man unbedingt den Weg durch das sehenswerte Naturschutzgebiet Tiergarten nehmen. Die Tiergartenstraße weist den Weg, am Wanderparkplatz hält man sich links Richtung Wasser. Von hier führt der „Skulpturenpfad Tiergarten" (grünes Pilzsymbol auf weißem Grund) als Rundweg an den Ufern der Dahme und des Krimnicksees vorbei und durch das eindrucksvolle Naturschutzgebiet und zurück zum Bahnhof Königs Wusterhausen.

Der Tiergarten entstand 1725 auf Befehl von Friedrich Wilhelm I. Der Soldatenkönig ließ mehrere Gehege für Wild, Fasane und Rebhühner errichten und nutzte das Waldgebiet als Jagdrevier. Eindrucksvoll erzählen 10 Holzskulpturen am Wegesrand Geschichten der Region um Königs Wusterhausen. Der Rundweg führt zunächst zum Husareneck, wo die Dahme auf den Krimnicksee trifft. Der Legende nach konnte sich hier ein preußischer Husar 1813 vor den Truppen Napoleons retten, indem er ins Wasser sprang. Danach geht es weiter am Krimnicksee entlang, dann rechts in den Wald, wo bald die Chausseestraße überquert wird. Nachdem auch die Storkower Straße überschritten ist, passiert man linker Hand eine Brücke. Durch den Wald steuert man nun auf Königs Wusterhausen zu.

Spaziergang: ca. 7 km
Start und Ziel: S-Bhf. Königs Wusterhausen
S46 alle 20 Min.

Tradition und Gaudi

34

Blankenfelde

In seinem Kern ist Blankenfelde südlich von Berlin noch ein typisches märkisches Dorf. Daran haben auch die Erweiterungen des Ortes mit Einfamilienhäusern ringsherum nicht viel geändert. Das Märkische spürt man besonders am alten Dorfanger.

Der alte Ortskern liegt heute fast am Rand von **Blankenfelde**, 1,5 Kilometer vom S-Bahnhof entfernt. Man durchquert zunächst das neue Ortszentrum am Brandenburger Platz. Über ruhige Wohnstraßen geht es in südwestlicher Richtung bis zur Hauptstraße, der man in westlicher Richtung folgt. Nahe der Ampelkreuzung mit der Dorfstraße am Ortsrand erstreckt sich links der alte Dorfanger. Hier gibt es noch den Dorfteich, die Kirche und ein paar Bänke, die Jugendlichen als Treffpunkt dienen. Die sehenswerte Dorfkirche wurde im 13. Jahrhundert aus Feldsteinen errichtet. In der restaurierten **Dorfschmiede** aus der Zeit des Dreißigjährigen Kriegs kann man manchmal sogar einem Schmiedekünstler bei der Arbeit zusehen. Und im Gasthaus zur Eiche, dem alten Dorfkrug, lässt sich märkisch speisen.

Etwas unterhalb vom Dorfanger führt die Triftstraße in westlicher Richtung aus Blankenfelde heraus. Am Ortsende wird die Teerstraße zu einem Fahrweg mit Betonplatten, der vorbei an kleinen Wäldchen durch die flache Diedersdorfer Heide führt.

Bald taucht rechts in der Ferne eine Ansiedlung auf. Wer genau hinsieht, erkennt es auch schon, das **Diedersdorfer Schloss**. Ein Abzweig an einer Stromleitung führt direkt in das 800-Einwohner-Dorf Diedersdorf, welches den größten Biergarten Brandenburgs sein eigen nennt. So dreht sich auch fast alles in Diedersdorf um den ehemaligen Gutshof und die wiederhergestellte Schlossanlage, einen barocken Putzbau aus dem 18. Jahrhundert.

Hauptanziehungspunkt ist der Biergarten vor dem Schlosspanorama, in dem bis zu 2 000 Gäste gleichzeitig ihren Durst stillen können. Von den langen Bänken aus fällt der Blick auf saftig-grüne Wiesen, die sanft nach Süden hin abfallen, wie auch das ganze Dorf an einem leichten Südhang erbaut ist. Wenn man nicht genau wüsste, dass man hier nahe Berlin ist, könnte man meinen, plötzlich nach Bayern versetzt zu sein. Auch das Speisen- und

Schloss Diedersdorf
Größter Biergarten Brandenburgs

Kirchplatz 5–6
15831 Diedersdorf
www.schlossdiedersdorf.de
Biergarten März–Okt. 11–21 Uhr

Schloss Diedersdorf und der zugehörige Biergarten

Getränkeangebot im Biergarten ist entsprechend: Schweinshaxen gibt es, und das Bier wird als halbe oder ganze „Maß“ ausgeschenkt. Nebenan wird Kindern einiges geboten: Kinderkarussell, Hüpfburg, ein Streichelzoo und ein Spielschloss sorgen bei den kleinen Besuchern für Kurzweil. Auch ein Reiterhof fehlt nicht.

Doch damit nicht genug: Im Schloss selbst ist ein Hotel untergebracht, in den Nebengebäuden des ehemaligen Gutshofs weitere Restaurants, Läden und Veranstaltungsräume. In der Schmiede wird brandenburgische Küche serviert, der Pferdestall ist der gehobenen Gastronomie vorbehalten. Sogar heiraten kann man auf Schloss Diedersdorf – ein Standesamt wurde eigens eingerichtet.

Diedersdorf selbst wurde schon im 14. Jahrhundert erstmals urkundlich erwähnt. Aus dieser Zeit stammt auch die verputzte Feldsteinkirche am Dorfanger. Die Glocke der Kirche wurde 1592 gegossen.

Das Schloss – der ehemalige Gutshof – wurde in der DDR-Zeit noch landwirtschaftlich genutzt. Nach der Wende wurde es von einem Investor aufwendig restauriert und zur Eventlocation mit Hotel, Restaurant und Biergarten umgebaut.

Wanderung: ca. 6 km
Start und Ziel: S-Bhf. Blankenfelde
S2 alle 20 Min.

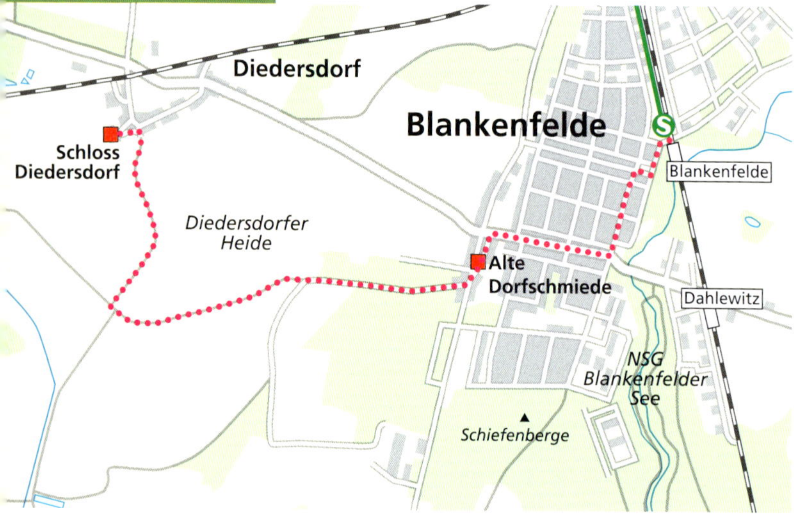

Rübchen und mehr

35

Teltow

Bei dieser Tour durchstreift man die Altstadt und die Umgebung von Teltow. Dabei kann man erfahren, was Teltower Rübchen sind und dass auch Schweine ein Museum haben.

Vom S-Bahnhof Teltow Stadt führt ein Fuß- und Radweg entlang der Mahlower Straße in die Altstadt. Nach 400 Metern überquert man eine verkehrsreiche Kreuzung und biegt auf der gegenüberliegenden Seite halb rechts in die Berliner Straße ein. Hier beginnt die Altstadt, oder besser gesagt das, was Brände, Krieg und Nachkriegszeit von der ehemaligen Ackerbürgerstadt übrig gelassen haben. Aber das ist sehenswert.

Die Ursprünge der Stadt **Teltow** reichen bis ins 12. Jahrhundert zurück. Ihr Wahrzeichen ist die **Stadtkirche St. Andreas,** deren Feldsteinmauerwerk um 1230 entstand. Seitdem hat sie etliche Brände und Umbauten erlebt. Um 1810 bekam die Kirche ihre heutige äußere Gestalt, als Karl Friedrich Schinkel sie im Stil der Neugotik und des Klassizismus umbaute. Auf der Breiten Straße geht es an der Andreaskirche vorbei bis zum hübsch renovierten Marktplatz, wo das blumengeschmückte alte Rathaus steht. Neben Bänken und einem neuen Springbrunnen erhebt sich das Denkmal von 1908 für Landrat Stubenrauch, den „Schöpfer des Teltow-Kanals“, wie man einer Tafel entnehmen kann. Der 38 Kilometer lange Teltowkanal verbindet seit 1906 die Potsdamer Havel mit den Gewässern südöstlich von Berlin. Für Teltow war der Bau des Kanals eine Initialzündung für die Industrialisierung der Stadt.

Stadthafen Teltow
Neben Liegeplätzen für Sportboote gibt es auch ein Bistro mit Plätzen am Wasser

Der Teltower Marktplatz bildet das Zentrum der Altstadt

Rund um den Marktplatz wurde und wird das historische Stadtbild rekonstruiert – ein Ruhepol im aufstrebenden Teltow, wo seit der Wende High-Tech-Betriebe und neue Wohngebiete entstanden sind. Westlich vom Marktplatz erreicht man über den Hohen Steinweg und die Alte Potsdamer Straße die Jahnstraße, die nach rechts ans Kanalufer führt. Hier hat Teltow seit 2019 wieder einen Stadthafen am Teltowkanal – und damit auch einen neuen Zugang zu dem Gewässer. Er verfügt über 39 Liegeplätze für Sportboote. Ein Hafenmeister ist täglich vor Ort, um Gäste zu informieren und zu beraten. Kleinere Boote können in der Slip-Anlage ins Wasser gebracht werden. Neben einem Kanu- und Paddelbootverleih sorgt das Bistro „Kleine Freiheit" dafür, dass man bei Eis, Getränken und Fischbrötchen am Kanal chillen kann.

Über die Jahnstraße geht man wieder zurück Richtung Altstadt, überquert am Puschkinplatz die Potsdamer Straße, um schräg rechts gegenüber in den Weinbergsweg einzubiegen. Von diesem zweigt der idyllische Hollandweg links ab, führt über ein paar Kurven und durch üppiges Grün bis zur Ruhlsdorfer Straße. Auf dieser geht es zum gleichnamigen Dorf. Wer die Landstraße mit dem schmalen Rad-Fußweg meiden möchte, biegt nach einem Kilometer (Höhe „Pflanzen-Kölle") rechts in den

Tiergarten Teltow
Papageien, Kakadus und andere Vögel, aber auch Ziegen, Schafe, Affen und Rehe sind zu bestaunen. Die Kleinen können auf dem Pony oder dem Esel reiten oder in der Riesenbuddelkiste spielen.

Kastanienstr. 13–19
14513 Teltow
www.tiergarten-teltow.de

Schenkendorfer Weg ein und folgt dem asphaltierten Fahrweg. So oder so kommt man nach einem weiteren Kilometer (über Schenkendorfer Weg und Güterfelder Straße: 3 Kilometer) zum Ortskern von **Ruhlsdorf**, erkennbar an der Bushaltestelle und einem Übersichtsplan. Hier steht auch „Hammers Landhotel", wo man von Mitte September bis in den Januar hinein **Teltower Rübchen** probieren kann. Dieses besonders schmackhafte Wurzelgemüse wussten schon Friedrich der Große und Goethe zu schätzen. Es wächst nur rund um Teltow und wird deshalb auch jährlich mit dem „Teltower Rübchenfest" geehrt.

Auf der gegenüberliegenden Seite der Landstraße zweigt die beschauliche Dorfaue von Ruhlsdorf ab. Die hat neben der Feldsteinkirche von 1250 eine weitere Sehenswürdigkeit zu bieten: Das **Deutsche Schweinemuseum**. Hier kann man fast alles über das Schwein als Nutztier erfahren. Wer weiß schon, dass bis Anfang des 19. Jahrhunderts alle Schweine frei in Wald und Flur herumliefen und sich mit Wildschweinen paarten? Davon erzählt das Museum. Über die Dorfstraße weiter geradeaus gelangt man nach 3 Kilometern auf die Mahlower Straße, wo gleich rechts der Regionalbahnhof Teltow liegt.

Deutsches Schweinemuseum
Sehenswertes Museum, das sich mit der Schweinehaltung und dem Schwein als Nutztier befasst

Dorfstr. 1
14513 Teltow-Ruhlsdorf

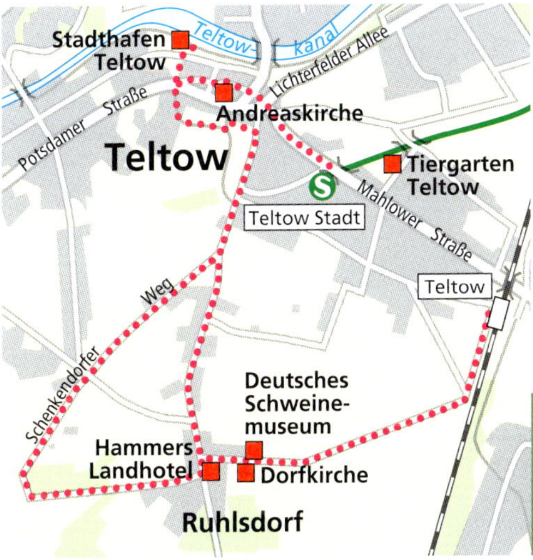

(Rad-)Wanderung: ca. 10 km

Start: S-Bhf. Teltow Stadt
S25, S26 alle 10 Min.

Ziel: Bhf. Teltow
RE3 stündlich

Am heiligen Hafen

36

Sacrow

Dieser Ausflug lässt keine Wünsche offen: Bootsfahrt auf der Havel, Radtour durch ein Naturschutzgebiet und Wanderung um einen Klarwasser-Badesee. Auch Kunst und Architektur sind inmitten Lennéscher Parklandschaft zu bestaunen.

Sommertag, blauer Himmel? Dann schnell zum nächsten S-Bahnhof und bis nach Wannsee fahren! Hier legt an der ausgeschilderten Schiffsanlegestelle neben zahlreichen Ausflugsdampfern stündlich die BVG-Fähre nach **Alt-Kladow** ab. Auch ein Fahrrad kann man bei der Überfahrt mitnehmen. Nach 20 vergnüglichen Bootsfahrtminuten kommt man in Alt-Kladow an.

Nun verlässt man den Hafentrubel gleich links in die westwärts verlaufende Imchenallee. Nach kurzer Strecke wird sie zum unasphaltierten, aber fahrradtauglichen Uferweg. Imposante Villen aus dem 19. und 20. Jahrhundert säumen die etwas staubige Straße. Immer wieder laden Ruheplätze mit Bänken und Tischen zum Picknicken und Entspannen an der Havel ein. Die Imchenallee endet am Sakrower Kirchweg, in den man links einbiegt. Nach wenigen hundert Metern zweigt links ein Weg zum **Landhausgarten Dr. Fränkel** ab. In diesem in den 1920er-Jahren angelegten Paradiesgarten mit Wäldchen, künstlichem Bachlauf, Obstbäumen und Gemüsebeeten laden Wiesen und lauschige Plätze zu einer Rast ein. Auf der Terrasse des Sommercafés kann man bei einem Stück haugebackenem Kuchen den Blick über die Havel streifen lassen. Weiter geht es über die Sacrower Landstraße, die bald aus Berlin herausführt.

Ziel der Tour ist der kleine Ort **Sacrow**, der inmitten einer wunderbaren Landschaft liegt und der seit 1939 zu Potsdam gehört. Diese ursprünglich slawische Siedlung fand erstmals 1375 urkundliche Erwähnung. „Sacrowje" bedeutet im Alt-Slawischen soviel wie „hinter dem Gebüsch". Und so erscheint Sacrow auch immer noch, wenn man nach ca. 2 Kilometern durch sonnendurchfluteten Mischwald am Ortseingang ankommt.

Immer der Hauptstraße nach gelangt man linker Hand an einen der Eingänge zum Sacrower Schlossgarten. Die Vision Friedrich Wilhelms IV. sah vor, Berlin und Potsdam innerhalb eines riesigen Gartens zu verbinden. „Lenné soll später die Umgebung ordnen und bepflanzen", notiert Ludwig Persius, ein Schüler von Schinkel und der Architekt des Schlosses und der Heilandskirche auf dem Gartengelände. Aus finanziellen Gründen konnten die Pläne jedoch nicht vollständig umgesetzt werden. Das

Fähre F10
Stündlich Wannsee – Kladow bis 20 Uhr (im Winter werktags bis 19, So bis 17 Uhr). Für die Fähre gelten VBB-Tickets (Zone AB).

Mit dem Fahrrad am Wochenende nicht unbedingt die letzte Fahrverbindung zurück nehmen, da es nur begrenzt Plätze gibt.

Schloss war ursprünglich ein Herrenhaus und wurde von der Königsfamilie nie bewohnt. Neben einer Sonnenuhr über dem Eingang ist es schlicht gehalten und beherbergt keine weiteren sehenswerten Schätze, doch an der Uferseite ergeben sich durch die lennésche Gartenarchitektur drei Sichtachsen in die Ferne: Man erblickt am gegenüberliegenden Havelufer Potsdams Zentrumssilhouette, den Flatowturm in Babelsberg und den Jägerhof in Glienicke. Dieser „Sichtenfächer" existiert jedoch erst wieder seit der Sanierung 1993. Bis 1989 war der Gesamtkomplex nur ein verödeter Grenzstreifen zwischen der DDR und Berlin (West). Ein Rundgang rechter Hand – vorbei an der tausendjährigen Eiche und der Streuobstwiese mit über hundert Jahre alten Obstbäumen – führt im Bogen an das Havelufer.

Dort erhebt sich bald die **Heilandskirche** am Port in Potsdam-Sacrow. Sie sieht wie die Miniaturausgabe einer frühchristlichen Basilika aus. Im Namen „Port von Sacrow" steckt das Wortspiel „portus sacro": heiliger Hafen. In längst vergangener Zeit suchten Havelfischer bei Sturm gerade diese schützende Bucht auf. Vom Wasser her sieht die Heilandskirche wie ein ankerndes Schiff im Hafen aus. Die Kirche wurde von Ludwig Persius zwischen 1840–44 erbaut. Der freistehende 20 Meter

Enten im glasklaren Sacrower See

hohe Glockenturm (Campanile) ist mit einer der ältesten Glocken (1406) Potsdams bestückt. Von hier aus glückte 1897 auch der erste deutsche drahtlose Telegraphieversuch über eine kurze Distanz von 1,6 Kilometer zur gegenüberliegenden kaiserlichen Matrosenstation. Eine Gedenktafel über der Eingangstür gibt über dieses Ereignis Auskunft.

Im Gegensatz zum verspielten Äußeren wirkt der Innenraum schlicht. 1961 wurde nach dem Mauerbau der letzte Weihnachtsgottesdienst in der Heilandskirche gehalten. Anschließend demolierten DDR-Grenzsoldaten die Inneneinrichtung, sodass Gottesdienste in der Kirche unmöglich wurden. In den 1990ern wurde sie gemeinsam mit dem Garten saniert. Im Innenraum fallen neben dem schönen Apsisgemälde die zwölf Apostelstatuetten aus Lindenholz von Jacob Alberty auf. Die Orgel von 1844 erscheint wie gemalt über dem Portal.

Verlässt man das Gelände wieder und folgt der Krampnitzer Straße links, erscheint nach einigen Kurven der **Sacrower See**. Wer der Bewegung noch nicht überdrüssig ist: Hier beginnt ein ausgeschilderter, 8 Kilometer langer Wanderweg um den vom Königswald umschlossenen See. Das naturgeschützte Gewässer hat einige offizielle Badestellen.

Zum Sacrower See
Deutsche Küche und selbst gebackener Kuchen. Hier kann man gegen Anmeldung in einem Rittersaal mittelalterlich speisen.

Weinmeisterweg 1
14469 Sacrow
www.rittersaal-sacrow.de

(Rad-)Wanderung: ca. 12 km (hin und zurück ohne Seeumrundung)

Start und Ziel: S-Bhf. Wannsee
S1 alle 10 Min. und Fähre F10 stdl.

Gartenkunst und Weberviertel

37

Babelsberg

Garn-, Tuchmacher- und Spindelstraße erinnern bis heute daran: Seit 1750 siedelten sich in Babelsberg Weber aus Böhmen an und gründeten Nowawes („Neues Dorf"). Dahinter erstreckt sich der weitläufige Park Babelsberg, der nicht nur wegen seiner Schlösser eine Erkundung wert ist.

Friedrich II. hatte die böhmischen Tuchmacher, die in ihrer Heimat wegen ihres protestantischen Glaubens verfolgt wurden, ins Land geholt. In den Gründerjahren entstanden in Potsdams „Südvorstadt" Textilfabriken und Lokomotivwerkstätten sowie die ersten Arbeiterquartiere.

Vom S-Bahnhof Babelsberg geht es über die Karl-Liebknecht-Straße in nordöstlicher Richtung, bis bald rechts die kleine Schornsteinfegergasse abzweigt. Sie führt auf den stimmungsvollen **Weberplatz**, der fast vollständig von den typischen eingeschossigen Weberhäuschen umgeben ist – einige sind Neubauten nach historischem Vorbild. Die **Friedrichskirche** in der Mitte des Platzes mit den alten Eichen entstand 1752/53 nach Plänen des holländischen Baumeisters Johann Boumann.

Auf der anderen, der westlichen Seite der Karl-Liebknecht-Straße geht der Rundgang weiter: Über die Garnstraße wird bald die kopfsteingepflasterte Straße Alt-Nowawes erreicht. Hier spürt man noch viel von der Atmosphäre der alten **Weberkolonie**. Die breiten Wiesenstreifen vor den kleinen Häusern bilden ein Überbleibsel dieser Zeit. Sie wurden genutzt, um die Stoffe zu trocknen und zu bleichen. Nördlich des Weberviertels, da wo die Straße Alt-Nowawes zu Ende ist, beginnt der romantische **Park Babelsberg**, der bis zur Havel reicht (die sich hier zum Tiefen See verbreitert). Weite Wiesenflächen wechseln mit bewaldeten Abschnitten und die Silhouette von Potsdam ist reizvoll in den Park mit einbezogen. Auch bei diesem Park hat zunächst die ordnende Hand des Gartenkünstlers P. J. Lenné gewirkt, später die seines Konkurrenten, des Fürsten Pückler-Muskau. Doch der Park ist nicht nur etwas fürs Auge: Ein Strandbad an der Havel, ein Bootsverleih und die Wiesensenken laden ein zu Sport und Spiel.

Vorbei an der Gärtnerei führt der Spaziergang zunächst zum **Flatowturm**, der weithin sichtbar auf einer Anhöhe thront. Der grandiose Aussichtspunkt

Bauernmarkt
auf dem Weberplatz
Sa 7–14 Uhr

Park Babelsberg
Eingänge an der Neuen oder der Grenzstraße, an der Sternwarte und der Karl-Marx-Straße

Schloss Babelsberg sieht aus wie eine mittelalterliche Burg

wurde 1853 in Anlehnung an den Eschenheimer Torturm in Frankfurt am Main erbaut. Auf dem Weg hinunter zum Havelufer kann man weitere Kleinbauten erspähen, die für die Potsdamer Kulturlandschaft charakteristisch sind: das Matrosenhaus, von dem früher die kaiserlichen Boote in See stachen, und die Gerichtslaube. Das **Kleine Schloss** am Ufer des Tiefen Sees ließ Prinz Wilhelm 1840–42 für seinen Sohn errichten, der dort später mit seiner jungen Frau Victoria, der Tochter der britischen Queen Victoria, die Flitterwochen verbrachte.

Wilhelm selbst bewohnte das eigentliche **Schloss Babelsberg**, das mit seinen Zinnen und Türmchen stark an eine mittelalterliche Burg erinnert. Der Bau zeugt außen wie innen vom extravaganten Geschmack des Prinzen, der 1871 deutscher Kaiser Wilhelm I. wurde. 1835 von Schinkel erbaut, wurde es 1844–49 erweitert. Deutlich erkennbar ist hier der Wunsch, Architektur und Natur harmonisch miteinander zu verbinden: Von dem verschachtelten Bau führen Terrassen in den Park. Sie verwandeln sich in wellige Rasenböschungen, die schließlich in das natürliche Havelufer übergehen.

Für den weiteren Weg eröffnen sich mehrere schöne Möglichkeiten: zurück entlang des Havelufers über den Nuthepark nach Potsdam, durch das Innere des Parks in südlicher Richtung zurück nach Babelsberg oder nach Norden, vorbei am historischen Maschinenhaus hinunter zur Parkbrücke, die über die Parkanlage am Jagdschloss Glienicke zur Glienicker Brücke und zum Glienicker Park (► Seite 86) führt. Oder man nimmt am nördlichen Parkausgang den Bus 616, der zum S-Bahnhof Babelsberg fährt.

Spaziergang: ca. 5 km
Start: S-Bhf. Babelsberg S7 alle 10 Min.
Ziel: Schloss Babelsberg Bus 616 alle 20 Min.

Alte Residenz und moderner Kulturort

38

Potsdams barocke Innenstadt

Alles fing mit einem Bootsausflug an: Als der brandenburgische Große Kurfürst Friedrich Wilhelm Mitte des 17. Jahrhunderts auf der Havel unterwegs war, fand er an dem unbedeutenden Marktflecken Potsdam großen Gefallen.

So beschloss er, an der Mündung der Nuthe in die Havel eine Residenz zu errichten. 1670 war der Umbau der alten Burg zum barocken Schloss vollendet. Holländische Ingenieure legten bald das sumpfige Gelände in der heutigen Innenstadt trocken. Es entstand die barocke Handwerkerstadt, die man heute kennt. Schon der Große Kurfürst hatte die Vision, aus der Residenz einen „schönen Ort zu machen, der weder in Italien noch in Frankreich seinesgleichen hat". Doch erst seine Nachfahren schufen die spätere anmutige Kulturlandschaft. Über einen Zeitraum von zwei Jahrhunderten entstand die einzigartige Potsdamer Parklandschaft, in der Stadt, Gärten und Havellandschaft miteinander verwoben sind. 1990 wurden weite Bereiche Potsdams zum Weltkulturerbe der UNESCO erhoben.

Zunächst wurde unter Friedrich Wilhelm I. (1688–1740), dem Soldatenkönig, die Stadt aber erst einmal zur Garnison ausgebaut. Der Monarch schenkte seinen Untertanen sogar die Häuser – mit der Auflage, den „Langen Kerls", seinen Soldaten, eine Unterkunft zu bieten. Seinem Sohn und Nachfolger waren diese sogenannten Typenhäuser dann doch zu kärglich. Der kunstsinnige Friedrich II. (1712–86) wollte der Stadt ein repräsentatives Aussehen verleihen. Nach Vorbildern italienischer Palazzi entwarfen Architekten und Bildhauer, darunter

Museum Barberini
Kunst von der Renaissance bis heute

Humboldtstr. 5–6
14467 Potsdam
www.museum-barberini.de

Georg Wenzeslaus von Knobelsdorff, im Auftrag des Königs ganze Straßenzüge neu. Nicht von ungefähr kommt also in Potsdam an einem Sommertag ein geradezu südländisches Flair auf. Die farbenfrohen Fassaden der Innenstadt beherbergen kleine Geschäfte, Cafés und Boutiquen. Manche Innenhöfe erinnern an mediterrane Patios mit Kopfsteinpflaster und Kübelpflanzen. Plätze lockern das strenge Raster des barocken Stadtgrundrisses auf und bilden kleine städtische Oasen.

Dabei hat sich Potsdam bis heute seine zwei Gesichter bewahrt – Garnisonsstadt und Kulturort. Typenhäuser aus der Zeit des Soldatenkönigs findet man zum Beispiel in der Hermann-Elflein-Straße oder in der Brandenburger Straße. Bauten der darauf folgenden Epoche stehen in der Charlottenstraße oder am Neuen Markt.

Spaziergang durch Potsdam

Für einen Spaziergang, der am Hauptbahnhof beginnt und durch die barocke Altstadt bis zum Kapellenberg führt, sollte man sich mindestens einen halben Tag Zeit nehmen. Über die Lange Brücke geht es Richtung Potsdamer Altstadt. Dabei überspannt die Brücke die zwischen zwei Havelarmen eingebettete **Freundschaftsinsel**. Hier befindet sich ein Park mit

Das private Museum Barberini zeigt hochkarätige Kunst

wunderschönen Staudenpflanzungen nach Plänen des Pflanzenzüchters Karl Foerster (1874–1970). Große alte Bäume, Skulpturen, Brunnen und eine Spiellandschaft schaffen eine erholsame Atmosphäre am Wasser. Ein kleines Café sorgt fürs leibliche Wohl und ein Bootsverleih ermöglicht einen anderen Blick auf die Stadt aus der Wasserperspcktive.

Am Ende der Langen Brücke stößt man auf den Alten Markt: Beherrschendes Bauwerk am Platz ist das wieder aufgebaute **Stadtschloss**. Es stand hier seit 1670 und war so etwas wie das Herz der Residenzstadt. 1950 wurden die Reste des im Zweiten Weltkrieg zerstörten Schlosses abgetragen und stattdessen eine breite Straße gebaut. Nun strahlt das äußerlich dem Original nachempfundene Schloss wieder in neuem Glanz, und der Autoverkehr muss einen Bogen darum machen. Seit der Fertigstellung tagt der Brandenburger Landtag im Schloss. Weitere Gebäude am Alten Markt sind das **Alte Rathaus** mit der turmkrönenden goldenen Atlasfigur und Schinkels klassizistische **Nikolaikirche** von 1849. Als Vorbild für deren mächtige Kuppel diente dem Baumeister die St. Paul's Cathedral in London. Seit seiner Rekonstruktion schmückt auch das Palais Barberini wieder die Südostseite des Platzes. Es beherbergt das **Museum Barberini**, welches in wechselnden Ausstellungen Kunst von den Alten Meistern bis zu zeitgenössischen Werken präsentiert.

Auf der anderen Straßenseite liegt der Lustgarten, eine ursprünglich zum Stadtschloss gehörige Anlage. Sie ist heute ein moderner Stadtgarten, der bis ans Havelufer reicht. Unter dem Soldatenkönig war hier ein Exerzierplatz, zu DDR-Zeiten ein Sportstadion. Die Ringerkolonnaden von Knobelsdorff und das große Neptun-Bassin erinnern an das historische Erscheinungsbild des Lustgartens. Oberhalb des Lustgartens fällt ein markantes Gebäude ins Auge: der rot gestrichene Marstall (erbaut 1685/1746). Er beherbergt heute das **Filmmuseum Potsdam** mit einer Ausstellung zur Geschichte der Babelsberger Filmstudios. Hinter dem Marstall führt eine Gasse zum pittoresken **Neuen Markt** mit seinen barocken Bürgerhäusern und der fein gegliederten Fassade des Kutschstalls, errichtet 1787–89. Hier ist das **Haus der Brandenburgisch-Preußischen Geschichte** untergebracht.

Haus der Brandenburgisch-Preußischen Geschichte
Wechselnde Ausstellungen zur preußischen Geschichte

Am Neuen Markt 9
14467 Potsdam
www.hbpg.de

Restaurant Waage
Italienisch-mediterrane Küche vom Feinsten in der alten Waage

Am Neuen Markt 12
14467 Potsdam
www.restaurant-waage.de

Das holländische Viertel entstand im 18. Jahrhundert

Nordwestlich des Neuen Markts führt die Siefertstraße in die Yorckstraße. Der Grünstreifen in der Mitte zeigt den Verlauf des 1965 zugeschütteten Stadtkanals. Ein Teil der insgesant 1,5 Kilometer langen Kanalstrecke wurde bereits vom Schutt befreit. Auch der Rest soll in den kommenden Jahren noch freigelegt werden, um das Grachtenflair Potsdams wiederzubeleben.

Zurück zum Marstall (Filmmuseum): Auf den ersten Blick wirkt die Breite Straße, die den Lustgarten vom Marstall trennt, wenig verlockend für Spaziergänger. Sie wurde in der DDR zur autogerechten „Sozialistischen Magistrale“ Potsdams ausgebaut. Gebäude aus der Zeit Friedrichs des Großen wechseln sich mit DDR-Neubauten ab. Die Straße führt zur Neustädter Havelbucht – und hier befindet sich ein kleines Kuriosum: eine maurische **Moschee** (erbaut von Ludwig Persius 1841–43). Sie ist in Wahrheit ein Pumpwerk, das „Minarett“ der Schornstein! Früher mit Dampf, heute elektrisch, wird Havelwasser in das große Bassin am Ruinenberg nördlich von Schloss Sanssouci gepumpt. Von dort werden die Fontänen des Parks gespeist.

Restaurant Juliette
Feine französische Küche

Jägerstr. 39
14467 Potsdam
www.restaurant-juliette.de

Durch die Schopenhauerstraße geht es direkt zum Luisenplatz. Von hier aus erkundet man das eigentliche Zentrum der Potsdamer Altstadt um die **Brandenburger Straße**. Die zentrale Flaniermeile und Fußgängerzone mit Läden, Restaurants und Cafés beginnt am Luisenplatz, wo das prunkvolle **Brandenburger Tor** steht. Der Torbau, der nach dem Siebenjährigen Krieg errichtet wurde und an einen römischen Triumphbogen erinnert, ist nur einen Steinwurf vom Park Sanssouci entfernt (▶ Seite 168). Am anderen Ende der Brandenburger Straße, am Bassinplatz mit der spätklassizistischen katholischen **Kirche St. Peter und Paul,** findet Potsdams Wochenmarkt statt. Etwas abseits an der südöstlichen Ecke des Platzes befindet sich ein wahres architektonisches Kleinod: die **Französische Kirche,** 1752 nach Entwürfen von Knobelsdorff für die Hugenotten erbaut, 1833 von Schinkel klassizistisch umgestaltet und dem Pantheon in Rom nachempfunden.

Gleich oberhalb des Bassinplatzes beginnt das **Holländische Viertel** mit seinen zierlichen roten Klinkerhäusern mit den weißen Fensterrahmen. Friedrich Wilhelm I. ließ die vier Karrees mit 150 Häusern ab 1727 für holländische Handwerker bauen. In das lebendige Wohnquartier sind heute Galerien, Cafés und Kunsthandwerker eingezogen. Ende der 1980er-Jahre befand sich das Quartier in einem traurigen Zustand. Erst nach der Wende wurde das Holländische Viertel saniert und in ein lebendiges Stadtquartier verwandelt.

Café Heider
Traditionsreiches Caféhaus am Nauener Tor

Friedrich-Ebert-Str. 29
14467 Potsdam
www.cafeheider.de

Russische Kolonie Alexandrowka

Am nördlichen Abschnitt der Friedrich-Ebert-Straße, jenseits des Nauener Tors, liegt ein weiteres sehenswertes Stadtviertel: die **Kolonie Alexandrowka** mit ihren Holzhäusern mit kunstvoll geschnitzten Giebeln, die auf dem Grundriss eines Andreaskreuzes angeordnet sind. Die Siedlung, benannt nach Zar Alexander I., wurde Anfang des 19. Jahrhunderts für die Mitglieder eines russischen Chores angelegt. Die Schenkung sollte die guten Beziehungen Preußens mit Russland im Bund gegen Napoleon unterstreichen.

Nördlich der Kolonie schließt sich der dicht bewaldete Kapellenberg an. Auf der Anhöhe thront die **Alexander-Newski-Kapelle,** erbaut 1826–29 nach Plänen von Karl Friedrich Schinkel. Seit 1986 beherbergt sie wieder die russisch-orthodoxe Gemeinde Potsdams. Am Jüdischen Friedhof findet man einen schmalen Fußweg, der auf den Pfingstberg führt.

Belvedere auf dem Pfingstberg
Von den Türmen des Belvedere, dem nach Renaissance-Vorbild errichteten Aussichtspunkt auf dem Pfingstberg, hat man den besten Blick auf Potsdam

Kunsthaus Minsk
Museum für zeitgenössische Kunst

Max-Plank-Str. 17
14473 Potsdam
www.dasminsk.de

Pfingstberg

Der Pfingstberg, eine der höchsten natürlichen Erhebungen Potsdams, wurde im 19. Jahrhundert zur Parkanlage umgestaltet. Von hier bieten sich fantastische Ausblicke auf Potsdam, die havelländischen Seen und das Bornstedter Feld. Preußens berühmtester Baumeister Karl-Friedrich Schinkel ließ hier im Alter von 19 Jahren sein erstes Bauwerk, den **Pomonatempel** (1800), errichten. Das den Berg krönende, doppeltürmige **Belvedere auf dem Pfingstberg** (1849–52), von den Architekten Ludwig Persius, Ludwig Hesse und August Stüler umgesetzt, ist nach Vorbildern italienischer Renaissance-Villen gestaltet. Bei klarer Sicht kann man vom restaurierten Westturm des Anwesens bis nach Berlin schauen.

Spaziergang zum Telegrafenberg

Gleich südlich vom Potsdamer Hauptbahnhof wird es hügelig – der Brauhausberg (88 Meter) und der Telegrafenberg (94 Meter) sind nicht zu übersehen. Auf der westlicher gelegenen Anhöhe, dem **Brauhausberg**, thront der „Potsdamer Kreml“: Das 1902 errichtete Gebäude mit dem Turm beherbergte bis Ende 2013 den Brandenburgischen Landtag. Früher residierte die SED-Bezirksleitung in dem

Auch Potsdam hat ein Brandenburger Tor

etwas düsteren Bau. Unterhalb des alten Landtags fällt ein eleganter Flachbau ins Auge: Das im Stil der DDR-Moderne erbaute Terrassen-Restaurant beherbergt heute das **Kunsthaus Minsk.** Das Museum zeigt sowohl Kunst aus der DDR, die Teil der Sammlung des Kunstmäzens Hasso Plattner ist, als auch zeitgenössische Kunstwerke. Das aufwendig restaurierte Gebäude ist mit seinen Ausstellungen, Veranstaltungen und der stylischen Cafébar ein neuer Kultur-Leuchtturm in Potsdam. Am Fuß des Brauhausbergs, an der Leipziger Straße, hat 2017 das Sport- und Freizeitbad Blu eröffnet.

Biegt man von der Straße am Brauhausberg links in die Albert-Einstein-Straße, gelangt man zum **Telegrafenberg.** Dieser heißt seit 1832 so, als hier ein optischer Telegraf zur Nachrichtenübermittlung aufgestellt wurde. Ab 1876 kamen das Astrophysikalische Institut und das Meteorologische Observatorium dazu. Im runden Refraktorgebäude von 1899 wurde das längste Linsenfernrohr der damaligen Zeit installiert. Heute beheimatet der Wissenschaftspark Albert Einstein auf dem Telegrafenberg mehrere renommierte Institute, das größte ist mit ca. 600 Mitarbeitern das Geoforschungszentrum.

Das berühmteste Gebäude auf dem Telegrafenberg aber ist der **Einsteinturm:** 1919–24 von Erich Mendelsohn im expressionistischen Stil entworfen, beeindruckt das Bauwerk durch seine organischen Formen. Fast könnte man meinen, es wäre ein Gebäude des Jugendstil-Architekten Gaudí. Herzstück und Zweck des Turmbaus ist ein Sonnenteleskop, das der Überprüfung der Relativitätstheorie diente. Außerdem zu sehen sind Schlaf- und Arbeitszimmer mit originaler Möblierung aus der Zeit Albert Einsteins.

AbenteuerParkPotsdam
Kletterwald mit 12 Parcours für Anfänger und Fortgeschrittene
Weitere Infos unter:
www.abenteuerpark.de

Stadtspaziergang
Start und Ziel: Potsdam Hbf.
S7 alle 10 Min., RE1 alle 20 Min.

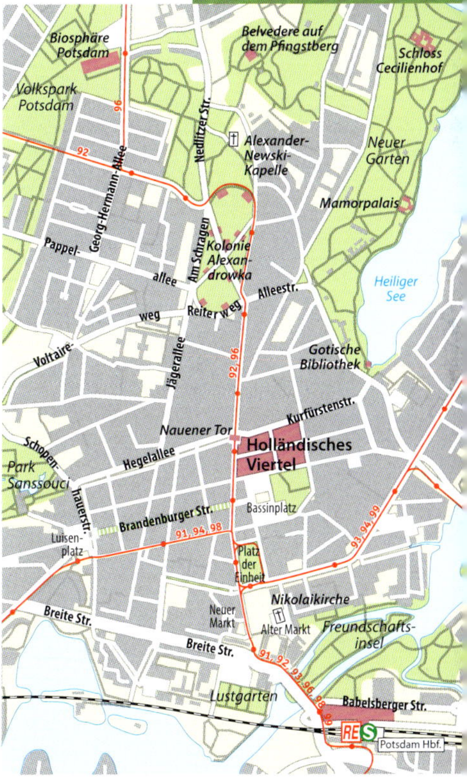

Preußens Lustgarten

39

Park Sanssouci

Schon der Name verspricht es: Sanssouci (französisch: „ohne Sorge“) strahlt wie kaum ein anderer Park in Deutschland Leichtigkeit und Unbeschwertheit aus. Über zwei Jahrhunderte verwirklichten hier preußische Könige ihre wechselnden Träume von einer idealen Landschaft.

Bis heute steht der Park von Sanssouci für die romantische, schwärmerische und luxuriöse Seite Preußens. Und das in einem Staat, der sich ansonsten spartanisch, pflichtbewusst und militärisch gab.

Der junge König Friedrich II., genannt der Große (1712–86), hatte 1744 auf einem Höhenzug westlich von Potsdam einen Weinberg anlegen lassen. Ein Jahr später begann hier der Bau von **Schloss Sanssouci**. Hofarchitekt Georg Wenzeslaus von Knobelsdorff (1699–1753) ließ nach den Skizzen des Königs ein anmutiges Rokoko-Schloss errichten. Friedrich hat sich mit Sanssouci einen preußischen Lustgarten geschaffen. Als Vorbild galt ihm der prachtvolle Park von Versailles. Doch im Gegensatz zur Residenz des Sonnenkönigs bei Paris war Sanssouci weniger Machtzentrum als vielmehr Sommersitz. Hier genoss der preußische König fern von Regierungsgeschäften und höfischem Zeremoniell Ruhe und Entspannung. Im 19. Jahrhundert ließ König Friedrich Wilhelm IV. den Park von Sanssouci im Stil eines englischen Landschaftsgartens erweitern und durch Bauwerke nach italienischen Vorbildern ergänzen.

Der Park von Sanssouci erstreckt sich zwischen dem Potsdamer Stadtzentrum und dem Neuen Palais parallel zu dem natürlichen Höhenzug, auf dem sich das Schloss und die Neue Orangerie befinden. Auch das Besucherzentrum an der **Historischen Mühle** liegt auf dem Hügel. Unterhalb davon verläuft die von Autos befahrene Maulbeerallee, eine etwas unschöne Teilung zwischen Gebäuden und Gärten. Das eigentliche Rückgrat des Parks ist die weiter südlich gelegene Hauptallee. Immer wieder aufgelockert durch mit Fontänen und Skulpturen geschmückte Rondelle, zieht sie sich schnurgerade von Ost nach West durch den Park.

Zwei Wege führen von der Potsdamer Altstadt in den Park: Vom Luisenplatz mit dem Brandenburger Tor aus führt die „Allee nach Sanssouci" vorbei an Bürgerhäusern zum schmiedeeisernen „Grünen Gitter". Von hier geht es an den Hofgärtnerhäusern und der **Friedenskirche** vorbei. Dieses südländisch wirkende Ensemble ließ Friedrich Wilhelm IV. ab 1845 in der letzten Bauphase von Sanssouci errichten. Der Architekt Ludwig Persius hat die Kirche römischen Basiliken mit Campanile und Kreuzgang nachemp-

Besucherzentrum an der Historischen Mühle
Information, Ticketkauf, Shop und Gastronomie

An der Orangerie 1
14469 Potsdam
www.spsg.de

Mövenpick-Restaurant Zur Historischen Mühle
Gemüsepasta, Roastbeef und Erdbeertorte zu gehobenen Preisen im Palmensaal und im Biergarten

Historische Mühle 2
14469 Potsdam

Frontansicht des Orangerieschlosses

funden. Nebenan erblickt man das Predigerhaus und das kleine Marlyschloss mit dem Marly- und Friedensgarten, gestaltet von Hofgärtner Lenné.

Der zweite Zugang zum Park befindet sich an der etwas nördlich des Luisenplatzes gelegenen Straßenecke Schopenhauerstraße/Hegelallee. Auf beiden Wegen in den Park eröffnet sich den Spaziergängern schon nach wenigen Schritten ein beeindruckender Blick von der Großen Fontäne über die sechs Weinbergterrassen hinauf zum sonnengelben **Schloss Sanssouci**. Verspielte Figuren wie Nymphen, Waldgötter und andere Begleiter des Weingottes Bacchus zieren die Pilaster an der Gartenseite des Schlosses. Üppig und farbenfroh sind auch die Innenräume: Vergoldete Ornamente, Säulen aus Stuckmarmor, pompöse Kronleuchter und kunstvolle Deckengemälde schmücken die Säle. Das Konzertzimmer gehört zu den schönsten Räumen des deutschen Rokoko. Der Maler Adolph Menzel hat 1852 eine Szene aus diesem Raum auf seinem Gemälde „Das Flötenkonzert in Sanssouci“ verewigt: Friedrich der Große als Querflötenspieler bei abendlicher Kammermusik.

An der östlichen Seite der oberen Terrasse vorm Schloss liegt die Grabstätte von Friedrich II. Eine schlichte Sandsteinplatte markiert die Gruft, die der Monarch sich schon vor seinem Tod hatte anlegen lassen. Doch erst 205 Jahre nach seinem Tod, 1991, wurde der letzte Wille des Alten Fritz erfüllt.

Schloss Sanssouci
Original erhaltene Interieurs aus dem 18. Jahrhundert

Nördlich des Schlosses erkennt man in einiger Entfernung den Ruinenberg. Die namensgebenden künstlichen Ruinen schmücken ein 1748 angelegtes Wasserbassin. Das Wasser sollte die Große Fontäne vor dem Schloss zum Springen bringen. Doch gelang dies den Ingenieuren zu Lebzeiten Friedrichs II. nur ein einziges Mal. Erst nachdem in der Neustädter Havelbucht das mit Dampf betriebene **Pumpwerk** in Form einer Moschee (▶ Seite 164) gebaut worden war, konnte genug Wasser in das Reservoir gepumpt werden, um das weit verzweigte Bewässerungs- und Fontänensystem des Parks zu betreiben.

Zwei ebenfalls gelb leuchtende Bauwerke mit kleinen Kuppeln flankieren das Schloss: die Neuen Kammern (1745–47) auf der westlichen und die **Bildergalerie** (1755–63) auf der östlichen Seite. Letztere war eines der ersten Bauwerke in Preußen, das eigens für die Aufbewahrung von Gemälden vorgesehen war. Ausgestellt sind hier niederländische, italienische und französische Barockgemälde, darunter Werke von Rubens, van Dyck und Caravaggio. Gleich neben der Bildergalerie befindet sich die verwunschene Neptungrotte (1751–57, Knobelsdorff), ein barockes Marmorwerk, bekrönt von Neptun, dem Herrscher des Meeres.

Die **Neuen Kammern** wurden nach Entwürfen Knobelsdorffs zunächst als Orangerie erbaut, später von Georg Christian Unger zum Gästeschloss Friedrichs des Großen umgestaltet. An das Gebäude schließen sich westlich der Rosengarten und der Sizilianische Garten mit einem lauschigen Laubengang und Palmen in Kübeln an (1857). Als Pendant dazu schuf Lenné oberhalb davon, auf der anderen Seite der Maulbeerallee, den Nordischen Garten (um 1860). Hier befindet sich auch die historische Mühle auf dem früheren Weinberg mit dem Besucherzentrum der Stiftung Preußische Schlösser und Gärten.

Geht man am Schloss Sanssouci von der obersten Terrasse durch die verschiedenen „Themengärten“ Lennés, gelangt man zum imposanten **Orangerieschloss** (1851–64). Als letztes Gebäude im Park Sanssouci wurde es im Stil italienischer Renaissance-Villen nach Plänen von Stüler und Hesse errichtet. Hier bewahrt man heute noch im Winter die vielen exotischen Kübelpflanzen auf, die im Sommer in den Gärten stehen – Zitrusfrüchte, Palmen, Feigen.

Für Pflanzenbegeisterte lohnt sich ein Besuch des **Botanischen Gartens** gleich neben dem Orange-

Bildergalerie
Gemäldesammlung Friedrichs II., darunter Werke von van Dyck und Caravaggio

Orangerieschloss
Mit Zarenzimmer und Raffaelsaal

Neues Palais
Das größte und am aufwendigsten gestaltete Schloss im Park Sanssouci

rieschloss. Er wurde 1950 aus dem Paradiesgarten von 1840 gestaltet und hat heute über 6 000 seltene Arten aus aller Welt zu bieten. Eine prächtige vierreihige Lindenallee führt vom Orangerieschloss nordwestlich weiter zum **Belvedere auf dem Klausberg** (1772). Auf dem Weg dorthin findet man linker Hand das **Drachenhaus** in Form einer chinesischen Pagode. Hier kann man sich im gemütlichen Café-Restaurant stärken, bevor man sich den westlichen und südlichen Parkbereichen zuwendet.

Am Westende der Hauptallee prangt das **Neue Palais**. Mit seiner roten Fassade und der mächtigen Kuppel ist es schon von Weitem sichtbar. Nach dem Ende des Siebenjährigen Kriegs errichtet, sollte der Bau Preußens ungebrochene Stärke demonstrieren. Die Innenräume beeindrucken mit prächtiger Rokokoausstattung: der märchenhafte Grottensaal mit muschelverzierten, glitzernden Wänden, die Marmorgalerie aus weißem Carrara-Marmor, ein Konzertsaal sowie das kleine Hoftheater. Hinter dem Neuen Palais folgen die ebenfalls prunkvollen **Communs** (1766–69, Gontard). Die Bauten dienten als Wirtschaftsgebäude für die Dienerschaft und werden heute von der Uni Potsdam genutzt.

Weiter geht es in südöstlicher Richtung. In diesem jüngeren Teil der Anlage liegen Park und

Belvedere auf dem Klausberg

Schloss Charlottenhof. Der klassizistische Landsitz Charlottenhof war 1826–29 für den Kronprinzen Friedrich Wilhelm IV. errichtet worden. Das Gebäude ist nach englischem Vorbild im schlichten Villenstil gehalten. Bei Führungen kann man die sehenswerten Innenräume besichtigen – sie zeigen die Wohnkultur des Biedermeier und den extravaganten Geschmack des Kronprinzenpaars. Von der großen Terrasse geht es in den Dichterhain und zum Rosengarten. Folgt man dem Wasserlauf östlich von Charlottenhof, erreicht man bald das romantische Gebäude-Ensemble der **Römischen Bäder**. Marmorstatuen und Wandmalereien zieren die Räume, in der Mitte liegt das Caldarium, der Ruheraum mit einem steinernen Wasserbassin. In den prächtigen Staudenbeeten des Innenhofs gedeihen neben Blumen auch Mangold, Mais oder Rote Bete.

Eine kleine Extravaganz wartet auf dem Rückweg: das **Chinesische Haus** (1754, Büring), das schon von Weitem zu sehen ist. Palmenförmige Säulen tragen das Dach des verspielten Pavillons. Lässt man am Chinesischen Teehaus den Wasserlauf Schafgraben rechter Hand liegen und folgt dem Weg parallel dazu, gelangt man zurück zur Hauptallee. Überquert man jedoch den Schafgraben, so geht es durch den Marlygarten zur Straße am Grünen Gitter.

Parkspaziergang
Start und Ziel: Potsdam Hbf.
S7 alle 10 Min., RE1 alle 20 Min.
und Tram 91 oder Bus 695 bis Luisenplatz

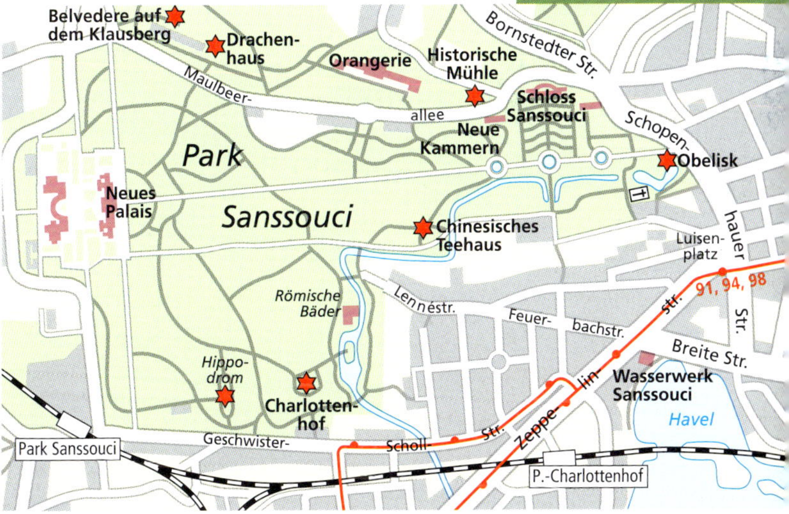

(Bio-)Sphären im Park

40

Bornstedter Feld

Potsdam ist nicht nur Sanssouci – seit der Bundesgartenschau 2001 ist auch der Potsdamer Norden eine Gartenlandschaft. Auf dem Bornstedter Feld, einem ehemaligen Militärgelände, erstreckt sich heute der weitläufige Volkspark Potsdam.

Im Unterschied zu den historischen Gärten gilt hier: Betreten erwünscht. Für 1,50 Euro kann man in dem aufwendig gepflegten Park moderne Gartengestaltung erleben und zeitgemäßen Freizeitaktivitäten fröhnen. Der gesamte Park wird von einem asphaltierten Weg gesäumt, ideal zur Fortbewegung auf Rädern.

Am Haupteingang des Parks in der Georg-Herrmann-Allee steht die große Tropenhalle mit der **Biosphäre Potsdam**. Unter hohen Mangrovenbäumen und unter Papageiengeschrei geht es bei 25 °C und hoher Luftfeuchte durch das Dickicht des tropischen Regenwalds. Die Biosphäre mitten in Potsdam bietet Neues und Überraschendes vor allem für jüngere Besucher. Am Eingang wird man mit einem Audio-Guide ausgerüstet, der während der gesamten Entdeckungstour interessante Informationen gibt. Man lernt den Herrn des Tropengartens kennen. In seiner Studierstube stellt sich Fürst Pückler (per Video-Animation), eine der schillerndsten Persönlichkeiten des 19. Jahrhunderts, vor. Der Fürst begleitet den Zuhörer via Audio-Guide plaudernd von einem „Forschungsmodul“ im Tropenwald zum nächsten. An diesen Stationen erfährt, ertastet und erprobt man anschaulich die tropische Flora und Fauna. Dann geht es unter Wasser. In Pücklers originalgetreu nachgebautem U-Boot im künstlichen See der Biosphäre erlauben Aquarien, Periskope und Lupen Einblicke in die Welt des Meeres. Direkt anschließend der Kontrast: Über Holzstege werden Baumwipfel erklommen. Zum Schluss steht auch noch ein Flug in Pücklers Zeppelin auf dem Programm.

Wer nach diesen vielen interessanten und neuen Erkenntnissen etwas Ruhe braucht oder sich mal richtig bewegen möchte, muss nur wieder vor die Tür der Biosphäre treten und befindet sich gleich wieder am Eingang des **Volksparks Potsdam**. Eine Liegewiese im südlichen Wiesenpark oder die Bereiche in den Wallkarrees bieten Gelegenheit, sich ein wenig auszuruhen. Die bunt bepflanzten Wälle

Volkspark Potsdam
Haupteingang an der Georg-Hermann-Allee
www.volkspark-potsdam.de

Biosphäre Potsdam
In der Biosphäre kann man das ganze Jahr über die Welt der Tropen erleben

Georg-Hermann-Allee 99
14469 Potsdam
www.biosphaere-potsdam.de

Krongut Bornstedt und Hochbeete im Volkspark

Foerster Staudengarten
Führungen organisiert u. a. Regina Ebert:
Tel. (03 31) 5 67 26 10

Am Raubfang 6
14469 Potsdam
Bus 612, 614 bis Amundsenstraße/Potsdamer Straße

Krongut Bornstedt
Selbstgebrautes Bier, Deftiges im Brauhaus, Feines aus der Hofbäckerei, Schönes und Delikates im Hofladen

Ribbeckstr. 6/7
14469 Potsdam
www.krongut-bornstedt.de
Tram 92 bis Kirschallee,
Bus 612, 614

sollen an die militärischen Schießwälle erinnern, die früher hier standen. Kinder können sich auf Spielgeräte und Rutschen austoben. Und falls die Erwachsenen sich auch noch etwas bewegen möchten, kommen sie garantiert auf ihre Kosten: Die Sportangebote reichen vom Beach-Volleyball bis zum Trampolin.

Westlich des Volksparks befindet sich die **Feldflur**: ein Naherholungsgebiet mit rekonstruierten historischen Koppeln und Alleenpflanzungen von Lenné. Daran schließt gleich südlich der **Karl-Foerster-Garten** an. Der berühmte Staudenzüchter und Gartenphilosoph legte hier 1911 eine Gärtnerei an. Ein Jahr später entstanden das Wohnhaus und der als Schau- und Versuchsfläche angelegte Garten mit prächtigen Staudenbildern. Zu bewundern sind der Senkgarten, der Frühlingsweg und der Steingarten der sieben Jahreszeiten. Seit 1981 steht die Anlage unter Denkmalschutz und wurde anlässlich der BUGA restauriert.

Nur einige hundert Schritte entfernt befindet sich das **Krongut Bornstedt**. Hier ist es möglich, sich nach einem langen Ausflugstag zu stärken und noch ein frisches Brot aus der Hofbäckerei mitzunehmen.

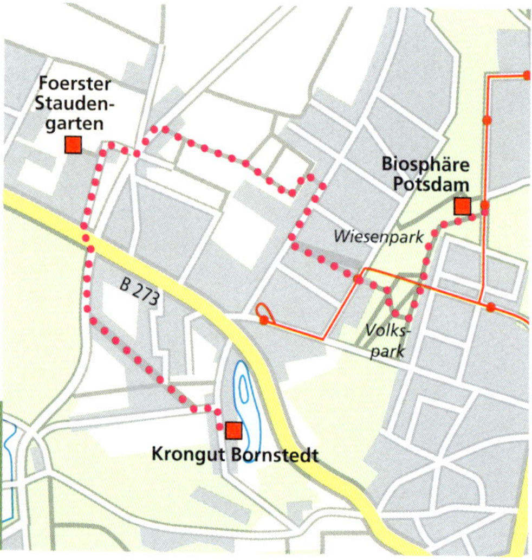

Stadtspaziergang: ca. 5 km
Start und Ziel: Potsdam Hbf.
S7 alle 10 Min., RE1 alle 20 Min.
und Tram 96 bis Volkspark

Romantischer Neuer Garten

41

Neuer Garten

Im weitläufigen Idyll, das ab 1787 im Stil eines englischen Landschaftsgartens angelegt wurde, gibt es zahlreiche Sehenswürdigkeiten zu entdecken. Schöne Grünanlagen und faszinierende Bauwerke laden zu einem ausgedehnten Spaziergang ein.

Der Garten gehört neben Park Sanssouci und dem Babelsberger Park zu den historisch bedeutsamen Landschaftsparks Potsdams. Am West- und Nordufer des Heiligen Sees gelegen, bietet er weite Sichtbeziehungen in die malerische Havellandschaft. Verglichen mit den Parks in Glienicke und Babelsberg auf der gegenüberliegenden Havelseite wirkt der **Neue Garten** eher intim. Trotzdem ist ein Spaziergang hier wie eine kleine Reise durch verschiedene Kulturen der Welt.

Von der Tram-Haltestelle ist es nicht weit bis zum Portiershaus in der Straße Am Neuen Garten, einem der Zugänge zum Park. Noch eindrucksvoller ist der Zugang vom Südzipfel des Sees an der Gotischen Bibliothek (Behlert-/Ecke Mangerstraße): Hier eröffnet sich den Besuchern ein prächtiger Panoramablick über See und Park. Vorbei an holländischen Giebelhäusern kommt man bald zur Orangerie mit dem ägyptischen Portal. Etwas oberhalb ragt das **Marmorpalais** in die Wasserfläche des Heiligen Sees hinein. Das Traumschloss mit den roten Klinkern (erbaut 1778–92) vermittelt einen guten Eindruck vom Zeitgeschmack gegen Ende des 18. Jahrhunderts. Es diente als Sommersitz für Friedrich Wilhelm II., den Neffen und Nachfolger Friedrichs des Großen. Exotisch anmutende kleine Bauten fangen beim Durchwandern des Gartens wieder und wie-

Baden am Heiligen See ist offiziell verboten, wird aber an einigen Stellen geduldet

Heiliger See und Marmorpalais

der den Blick und lenken so den Schritt: Die Muschelgrotte, das Rote und das Grüne Haus oder die **Pyramide,** ehemals als Eiskeller genutzt, wollen entdeckt werden. Weitere Sichtachsen wurden von Peter Joseph Lenné ab 1815 weit in die Havellandschaft geführt. Vom Hauptweg nördlich des Marmorpalais kann man bis zur Pfaueninsel blicken, deren Schlossruine genau zum Zweck dieser Fernwirkung so strahlend weiß leuchtet.

Auch der letzte Schlossbau der Hohenzollern liegt im Neuen Garten: **Cecilienhof,** fertiggestellt 1917 im englischen Landhausstil der Jahrhundertwende. Der Bau erhält seinen besonderen Charme durch historisierendes Tudor-Fachwerk und eine auffallende Dachgestaltung mit vielen Gauben und 55 Schornsteinen. Diese sind aber fast alle schön gestaltete Attrappen. Cecilienhof ist ein geschichtsträchtiger Ort: Im Sommer 1945 fand hier die Potsdamer Konferenz der Siegermächte des Zweiten Weltkriegs statt. Die Staatschefs der UdSSR, der USA und Großbritanniens unterzeichneten am 2. August das Potsdamer Abkommen, die Grundlage für die Teilung Deutschlands. Der Konferenzsaal mit der historischen Einrichtung ist als Gedenkstätte erhalten und öffentlich zugänglich.

Nördlich von Schloss Cecilienhof warten am angrenzenden Jungfernsee weitere überraschende Ent-

Schloss Cecilienhof
Der historische Konferenzsaal und die Arbeitszimmer der Delegationen können besichtigt werden

Im Neuen Garten
14469 Potsdam

deckungen. Die Meierei, heute eine Gasthausbrauerei mit herrlichem Biergarten direkt am Wasser, bietet sich perfekt fürs Kräftetanken an. Danach geht es weiter am Ufer entlang. Auf einer Wiese steht ein seltsames Bauwerk aus Tuff- und Raseneisenstein. Tatsächlich verbirgt sich hinter diesen Mauern ein besonderes Kleinod: die Muschelgrotte, von außen mit einer Fassade aus buntem Gestein. Große verzierte Glasscheiben geben den Blick ins Innere frei. Dort ist ein zentraler Saal und zwei ihn flankierende Kabinette. Einst wurden sie mit großen Spiegeln, farbigem Glas, verschiedenartigen Steinen und Muscheln geschmückt. Die Decken waren bemalt und die Böden mit Marmor ausgelegt. Heute kann man diese Schönheit immer noch erahnen.

Zurück auf dem Hauptweg Richtung Glienicker Brücke verlässt man den Neuen Garten über eine Brücke über einen Stichkanal. Ein Grünstreifen verläuft nun direkt am Ufer und führt vorbei an der ehemaligen kaiserlichen Matrosenstation, heute ein Feinschmecker-Restaurant. Dahinter breitet sich die Berliner Vorstadt aus – heute wieder eine noble Wohngegend. Prunkvolle Villen der Gründerzeit liegen an ruhigen, baumbestandenen Straßen und machen einen Streifzug durch das Viertel reizvoll.

Brauerei Meierei Potsdam
Hausgebrautes Bier und deftige deutsche Klassiker im Gewölbe und auf der Seeterrasse

Im Neuen Garten 10
14469 Potsdam
www.meierei-potsdam.de

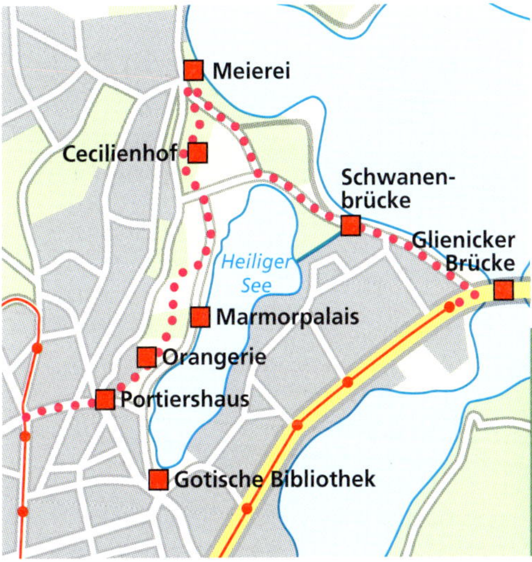

Spaziergang: ca. 4 km
Start: Potsdam Hbf.
S7 alle 10 Min., RE1 alle 20 Min. und Tram 92, 96 oder Bus 638 bis Reiterweg/Alleestraße
Ziel: Glienicker Brücke
Bus 316 (S-Bhf. Wannsee) oder Tram 93 (Potsdam Hbf.)

Einsteins Sommerfrische

42

Caputh

Nur etwa 6 Kilometer südwestlich von Potsdam liegt das ehemalige Fischer- und Schifferdorf Caputh. Albert Einstein hatte in dem beschaulichen Ort am Seeufer sein Sommerhaus. Sehenswert ist auch die barocke Schlossanlage mit schönem Park.

Eingebettet in eine reizvolle, leicht hügelige Landschaft zwischen drei Seen, ist der Ort ein beliebtes Ziel für Wanderer, Radfahrer und Wassersportler. Bekannt ist Caputh, in dem noch heute holprige Pflastersteingassen und reetgedeckte Häuser zu finden sind, auch durch seine barocke Schlossanlage.

Caputh ist vom S-Bahnhof Potsdam zu Fuß durch den Potsdamer Forst, mit Rad oder Bus auf der Landstraße (paralleler Radweg), mit dem Schiff über die Havelgewässer oder per Regionalbahn zu erreichen.

Besonders schön ist die Anreise per pedes vom Potsdamer Hauptbahnhof durch den Wald abseits der Verkehrsadern. Wanderfreudige nehmen den Südausgang des Bahnhofs, überqueren den Busbahnhof und folgen dem Wegweiser Einsteinturm. So stößt man auf die Straße am Brauhausberg, von der gleich links die Albert-Einstein-Straße abzweigt, die am „Wissenschaftspark Albert Einstein“ vorbei und geradewegs in den Wald führt. An einer Wegkreuzung mit Bank biegt man halb rechts in den ausgeschilderten Langerwischer Weg. Man bleibt auf dem Hauptweg, der rechter Hand am kleinen Ravensberg entlang führt, bis man eine runde Rasthütte erreicht. Geradeaus geht es weiter zum Naturschutzgebiet Moosfenn, nach rechts erstreckt sich der Caputher Heuweg, der wenig später auf die B 2

Schloss Caputh
Ältestes erhaltenes Lustschloss aus der Zeit des Großen Kurfürsten Friedrich Wilhelm

Str. der Einheit 2
14548 Schwielowsee
www.spsg.de

stößt. Dort überquert man die Eisenbahnlinie und wählt am Parkplatz auf der anderen Straßenseite den linken Weg. Am nächsten größeren Wegeknotenpunkt nach ca. 1,5 Kilometern biegt im spitzen Winkel der Weg ab, der auf einen Hügel am östlichen Ortsrand von Caputh führt. Von hier sind es nur ein paar Schritte bis zum **Albert-Einstein-Haus,** in dem der Physiker von 1929 bis 1932 die Sommermonate verbrachte. Von diesem schlichten Holzgebäude, das in nur 2 Monaten errichtet wurde, hat man einen herrlich weiten Blick über Caputh und die umliegenden Gewässer. Das Haus kann an Wochenenden und Feiertagen besichtigt werden.

Vom Einsteinhaus geht es über die Rosen- in die Lindenstraße hinunter zum alten Dorfkern und zum **Schloss.** Die barocke Schlossanlage gehört mit Bornim und Glienicke zu den seit 1660 entstandenen kurfürstlich-königlichen Landsitzen in der Umgebung von Potsdam. Von Philipp de Chièze als schlichter, rechteckiger Bau im Stil eines französischen Landhauses entworfen, wurde das Schloss später um kleinere Anbauten erweitert.

Der zugehörige Barockgarten wurde ab 1830 nach einem „Verschönerungsplan“ von Peter Joseph Lenné neu angelegt. Die Wegefluchten eröffnen malerische Blicke durch den Park und über die Havel

Am Fährhaus Caputh hat man einen schönen Ausblick auf die Landschaft bei Geltow

bis nach Potsdam. Alte Bäume werfen ihre Schatten auf die stillen Parkwiesen und laden zum Verweilen ein. Schräg gegenüber vom Schloss steht die zum Ensemble gehörende **Dorfkirche** – ein neoromanisches Bauwerk des Schinkel-Schülers Friedrich August Stüler, das in den Jahren 1848–52 entstand. An den Sommerwochenenden finden in Schloss und Kirche Konzerte statt.

Wer jetzt noch nicht wandermüde ist, dem sei ein wunderschöner Spaziergang um den **Caputher See** empfohlen: Südlich der Kirche geht es in die Seestraße, die in einen schmalen Fußpfad in Ufernähe übergeht. Im Sommer kann man an kleinen versteckten Badestellen ins Wasser springen. Am Ende der Runde gelangt man über den Schmerberger Weg zum Dorfkern zurück (ca. 3 Kilometer). Oder man folgt gleich der Straße der Einheit bis zur Caputher Fähre, von der eine lauschige Uferpromenade bis zum **Schwielowsee** führt. An der Fähre laden das Landhaus Haveltreff und das Fährhaus Caputh dazu ein, bei einer Erfrischung den Blick aufs Wasser und die „Seeluft" zu genießen. Am Ende der Promenade führt eine Fußgängerbrücke hinüber zum Seebad Caputh am Schwielowsee, während es links zum Bahnhof Caputh geht.

Fährhaus Caputh
Beliebte Ausflugsgaststätte an der Fähre

Str. der Einheit 88
14548 Schwielowsee
www.faehrhaus-caputh.de

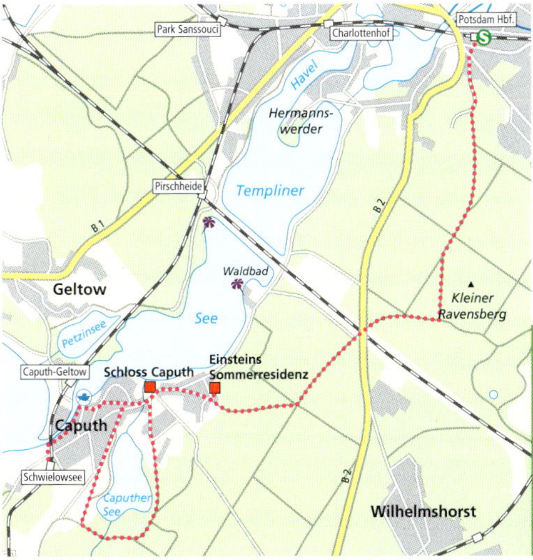

(Rad-)Wanderung: 10 km
Start: Potsdam Hbf.
S7 alle 10 Min., RE1 alle 20 Min.
Rückfahrt: RB23 alle 1–2 Stunden von Caputh-Geltow oder Schwielowsee nach Potsdam Hbf.

Räucherfisch im Blütenmeer

43

Werder (Havel)

Viele Wege führen nach Werder im Havelland. Besonders schön ist eine Radtour von Potsdam entlang der Havel bis zur idyllischen Inselstadt in Werder – es gibt viel zu entdecken! Neben Inselromantik, Fisch, Wein und prächtigen Obstwiesen kann hier auch tiefgründig-komische Lyrik genossen werden.

Vom Hauptbahnhof geht es zunächst über die Lange Brücke Richtung Potsdamer Zentrum, dann halb links in die Breite Straße (Radweg Richtung Brandenburger Vorstadt). Nach ca. einem Kilometer biegt kurz vor der **Moschee** (► Seite 164) links der Havel-Uferweg als gut ausgebauter Radweg ab.

Nun folgt man einfach den Windungen des breiten Stroms. Nach ca. 7 Kilometern ist die Geltower Gartenlandschaft erreicht. Am Ende des Uferradwegs biegt man links auf den Radweg neben der Landstraße und an der nächsten Abzweigung rechts Richtung Baumgartenbrücke ab – linker Hand schimmert jetzt der Schwielowsee durchs Geäst.

Nach dem Überqueren der Baumgartenbrücke lohnt zunächst ein Abstecher links zum 2 Kilometer entfernten Dörfchen **Petzow**. Im liebevoll restaurierten alten Ortskern finden sich Cafés und in einem reizvollen, von Peter Joseph Lenné gestalteten Landschaftspark ein Schloss von Karl-Friedrich Schinkel. Nach Renovierung und Umbau ist es heute Teil einer Wohnanlage. Vom Turm der Dorfkirche (ebenfalls von Schinkel) am oberen Ortsrand hat man einen herrlichen Rundblick.

Weiter nach Werder ist über den Havelweg an der B 1 (bzw. von Petzow aus zunächst über die Fercher Straße) nach ca. 2 Kilometern die Neustadt erreicht. Genießer und Neugierige biegen vorher links in den Grünen Weg ein, um dann rechts den recht steilen Weißweinweg hinaufzuschieben. Oben wird man inmitten von Weinreben mit einer schönen Aussicht belohnt.

Günstiges Klima und sandiger Boden machen den **Wachtelberg** zur weltweit nördlichsten Qualitätsweinlage. Schon vor 700 Jahren begannen die umliegenden Klöster mit dem Weinbau in Werder. Seit 1985 wird hier wieder Wein angebaut, in der Straußwirtschaft „Weintiene“ kann man ihn probieren. Gegen Ende des 18. Jahrhunderts vollzog sich aufgrund schlechter Witterung und besserer Weine aus südlicheren Lagen ein Wandel auf den Hügeln rund um Werder: Die ersten großen Obstplantagen wurden angelegt. Schnell entwickelte sich die Gegend zur Obstkammer Berlins. 1879 wurde in Werder das erste Baumblütenfest gefeiert. Seitdem pilgern die Großstädter alljährlich im Mai zu Tausenden nach Werder, um die erwachende Natur

Fischrestaurant Arielle
Urige Gaststätte mit Plätzen direkt am Havelufer, Spezialität Räucherfisch

Fischerstr. 33
14542 Werder (Havel)
www.fischrestaurant-arielle.de

Bei einem Glas Wein in der Weintiene hat man einen guten Blick auf die Rebstöcke

und das berauschende rosaweiße Blütenmeer der Obstplantagen zu genießen – und den nicht weniger berauschenden jungen Obstwein. Eine gute Woche lang findet dann in Werder das größte Volksfest der Region Berlin-Brandenburg statt.

Über die Straße Am Wachtelwinkel geht's mit Schwung zurück auf die Potsdamer Straße und von dort nach rechts Unter den Linden bis zur Brücke, die in die idyllische Inselstadt führt. Von der Brücke hat man einen Panoramablick auf die Insel: Weithin sichtbar sind rechts der Turm der **Kirche zum Heiligen Geist** und die **Bockwindmühle**. Die Kirche entstand in der heutigen Form zwischen 1856 und 1858 nach Plänen von Friedrich August Stüler. Die heutige Inselmühle stammt eigentlich aus Klossa bei Jessen. Sie wurde anstelle der Originalmühle hier wieder aufgebaut, nachdem diese 1973 einem Brand zum Opfer gefallen war. Im nördlichen Teil der Inselstadt fällt die **Kirche Maria Meeresstern** ins Auge, die Anfang des 19. Jahrhunderts als katholische Kirche errichtet wurde. Nach dem Überqueren der Brücke gelangt man bald auf den weitläufigen Marktplatz, der den Eingang zur Inselstadt markiert. Beim Spaziergang durch die kopfsteingepflasterten Gassen ist das restaurierte **Rathaus** von 1494 unweit der Heilig-Geist-Kirche ein weiterer Blickfang.

Werder wurde im Jahr 1317 erstmals erwähnt, war aber schon lange zuvor von Wenden besiedelt. Die Insel bot natürlichen Schutz und die Havel reichlich Fisch. Kein Wunder also, dass Werder über Jahrhunderte ein Fischerort war. Ein bisschen ist das

Straußwirtschaft Weintiene

Die Terrassen inmitten des Weinbergs Wachtelberg sind von Ostern bis Mitte Oktober geöffnet

Tel. (0 33 27) 74 14 10
www.weinbau-lindicke.de/strausswirtschaft-weintiene

heute noch so: An der Uferpromenade hängen Fischer ihre Netze zum Trocknen aus. Gleich nebenan sorgen die traditionellen Räucheröfen dafür, dass der Duft von geräuchertem Fisch durch die engen Gassen zieht. Aal, Wels, Forelle und viele andere Fische isst man hier frisch geräuchert aus der Hand oder in einem der Fischrestaurants.

Nach einer stärkenden Mahlzeit geht es von der Inselstadt wieder aufs Festland – die Eisenbahnstraße entlang Richtung Bahnhof Werder. Ein Abstecher führt links den Hohen Weg hinauf zur **Bismarckhöhe.** Hier steht ein Aussichtsturm, der 1898 errichtet wurde. Um die Jahrhundertwende pilgerten so viele Berliner Ausflügler auf die Bismarckhöhe, dass der Besitzer sogar eine eigene Anlegestelle bauen ließ. Seit 2014 lädt hier das **Christian Morgenstern Literaturmuseum** ein, Werk und Leben des berühmten Dichters zu erforschen. Als Morgenstern 1895 mit Freunden in der damals noch „Schankwirtschaft am Galgenberg" genannten Gaststätte saß, kam dem Schriftsteller die Idee zu seinen „Galgenliedern". Eine Etage des Bismarckturms ist Morgenstern gewidmet, eine der Historie des Gebäudes. Am Fuß der Treppen geht der Weg steil hinunter auf die Eisenbahnstraße, die nach links über die Adolf-Damaschke-Straße zum Bahnhof führt.

Christian Morgenstern Literaturmuseum
Ausstellung über den Dichter der Galgenlieder

Hoher Weg 150
14542 Werder (Havel)

Radtour: ca. 20 km
Start: Potsdam Hbf.
S7 alle 10 Min., RE1 alle 20 Min.
Ziel: Bhf. Werder
RE1 alle 20 Min.

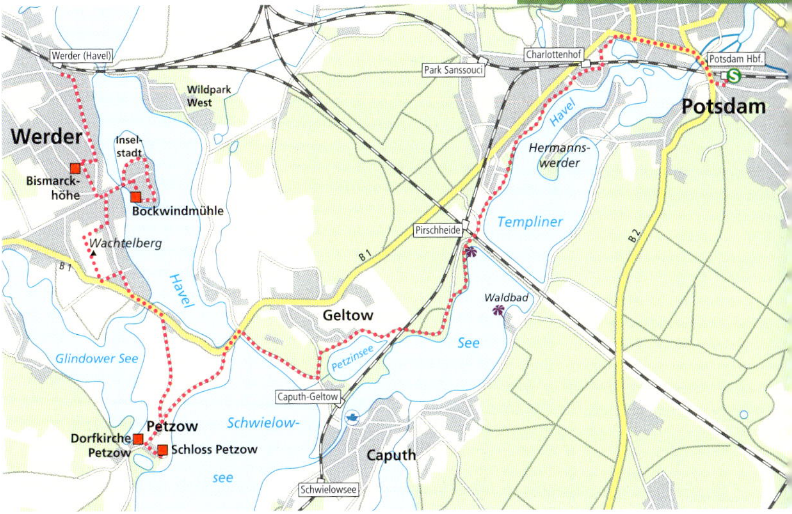

Register

M

N

O

P

R

S

T

W

Z

Liebe Leserinnen und Leser,

alle Angaben in diesem Ausflugsführer sind gewissenhaft geprüft. Trotz gründlicher Recherche unserer Autoren/innen können sich manchmal Fehler einschleichen. Wir bitten um Verständnis, dass der Verlag dafür keine Haftung übernehmen kann. Über Hinweise, Berichtigungen und Ergänzungsvorschläge freuen wir uns jederzeit.

via reise verlag
Lehderstraße 16–19
13086 Berlin
post@viareise.de
www.viareise.de

11. vollständig überarbeitete und neu gestaltete Auflage, Berlin 2023

ISBN 978-3-949138-33-1

Herausgeber und Autor
Klaus Scheddel

Weitere Autoren
Jutta Hertlein, Vera Hertlein, Tanja Onken, Elisabeth Schwiontek, Ulrike Stephan, Holger Zahn

Recherche & Aktualisierung 2023
Klaus Scheddel

Redaktion
Julian Funke, Maria Röger

Kartografie
Annelie Krupicka, Tanja Onken, Carlos Borrell

Herstellung & Gestaltung
Annelie Krupicka

Umschlagreihengestaltung
Nino Arndt, Berlin

Umschlagherstellung
Annelie Krupicka

Druck
Druckhaus Sportflieger, Berlin

FSC www.fsc.org MIX Papier aus verantwortungsvollen Quellen FSC® C104586

Fotos
Klaus Scheddel, außer:
360b/Shutterstock.com 76; Achtelik, Kirsten 132; Andreas Hermsdorf/Pixelio 108; ArTo/stock.adobe.com 57 o., 65, 124 kl.; Artur Bogacki/stock.adobe.com 168; Barnim Panorama 112 kl., 112 gr.; Becker, Kristina 36 gr., 70, 81 o., 144 kl.; Biosphäre Potsdam/Marc Lehnhardt 174 kl.; David Dohnal/Shutterstock.com 131; Dynamoland/stock.adobe.com 115 o.; ebenart/stock.adobe.com 135; Franz Gerhard/stock.adobe.com 160; Gemeinfrei 154; Hahn, Astrid 111 u.; Hoffmann, Tina 104, 106 u.; Horchler, Michael 188; Jacqueline Abromeit/Shutterstock.com 40; JCmagic/stock.adobe.com 36 kl.; JEFs-FotoGalerie/stock.adobe.com 28; Johannsen, Janina 54 gr., 57 u., 62, 142; Jutta Adam/stock.adobe.com 18, 39 o.; Kutz, Roland 174, 177 u.; Labro, Thomas 53 o.; laranik/Shutterstock.com 89 u.; Leonid Andronov/stock.adobe.com 170; Lienhard Schulz/Park am Gleisdreieck (Ostpark)/CC BY-SA 3.0/via Wikimedia Commons/bearb. 22 u.; Lienhard Schulz/Strand Bürgerablage Havel Berlin 1/CC BY-SA 3.0/via Wikimedia Commons/bearb. 90; Menke, Janna 24, 27, 53 u., 54 kl., 84 kl., 140, 156 kl., 156 gr.; Museumspark Rüdersdorf 120, 122; Nowaczyk/Shutterstock.com 178; Ram, Felix 44; RCphoto/stock.adobe.com 96; Ronny Rose/stock.adobe.com 50; Rund um die Welt/stock.adobe.com 86 kl.; Schloss Diedersdorf 147 o., 147 u.; Simon Travels/Shutterstock.com 42; Sina Ettmer/stock.adobe.com 78, 177 o., 184, 186; Spörl, Lukas 162; stylefoto24/stock.adobe.com 115 u.; Tierpark Berlin 12, 14; till beck/stock.adobe.com 39 u.; Tourismus Marketing Brandenburg GmbH 164, 180; visitBerlin/Christo Libuda 20; wideeyes/stock.adobe.com 182; Wiehle, Thorsten 92

Umschlagfoto vorn
Sacrow, Heilandskirche (AR Pictures/stock.adobe.com)

Umschlagfoto Klappe vorn
Rüdersdorf, Museumspark (ebenart/stock.adobe.com)

Umschlagfoto hinten
Potsdam, Gastbrauhaus Meierei (Klaus Scheddel)